本书得到"首都对外文化贸易与文化交流协同创新中心"经费支持

"一带一路"沿线主要国家文化市场研究系列丛书

总主编 李嘉珊

国际文化市场研究

RESEARCH ON INTERNATIONAL CULTURAL MARKET

西班牙卷

SPAIN VOLUME

〔西班牙〕伊格拉斯·盖丹斯（Ignasi Guardans）　〔西班牙〕保拉·贝拉斯科（Paula Velasco）

许雯

著

社会科学文献出版社
SOCIAL SCIENCES ACADEMIC PRESS (CHINA)

"一带一路"沿线主要国家文化市场研究系列丛书

指导单位

中华人民共和国商务部服务贸易和商贸服务业司

编撰单位

北京第二外国语学院国家文化发展国际战略研究院
首都国际服务贸易与文化贸易研究基地
首都对外文化贸易与文化交流协同创新中心
国家文化贸易学术研究平台

总主编

李嘉珊

《国际文化市场研究·西班牙卷》作者

〔西班牙〕伊格拉斯·盖丹斯 〔西班牙〕保拉·贝拉斯科 许雯

总 序

学术外交为媒　连接中国与世界

世界上本没有路，古丝绸之路通过贸易连接起亚欧非人类文明，是商人把各自的文化伴随他们带往异国的香料种子一起沿途播撒，时间久了，走的人多了，也便成了路。今天，当我们以民心相通为基础推进"一带一路"建设之时，更离不开文化的传播与文明的对话。近年来，中外文化交流日益频繁，合作亮点频频，多项中国与共建"一带一路"主要国家文化合作纲要的签署更为中外文化交流与合作创造了不可多得的机遇。文化产业作为朝阳产业在各国发展中的作用和地位日益凸显，越发受到各国政府重视。作为连接中国与世界的重要纽带，文化产业国际合作将成为未来国际发展的新引擎。在双循环与新发展格局背景下，文化贸易是切实推进民心相通的重要纽带，实现文化市场的互联互通是关键。

各国在广播影视、艺术表演、图书版权、动漫游戏、创意设计等领域的发展都独具特色，其中，不同国家和地区的交流与合作愿望强烈。遗憾的是，长期以来有关国家文化市场的信息缺失，中外沟通渠道不畅，在一定程度上成为发展中外文化贸易的主要障碍。

为破解难题、精准对接中国与全球文化市场，推动中国文化产业"走出去""提质增效"，自2015年起北京第二外国语学院国际服务贸易与文化贸易研究团队，汇聚国内外57家大学和研究机构的政产学研各界别70余位专家。学术交流内容聚焦、特点鲜明，学术合作成效显著。基于平等对话的前提，自信表达中方学术观点，与外方既有思想碰撞又互学互鉴，构建起务实合作的学术交流机制。同时聚焦前沿话题，精准对接中外文化产业资源，推进文化贸易发展。作为学术外交的实践先行者，组建起多支中外合作研究团队启动编撰"国际文化市场研究"系列丛书，搜集、梳理、翻译文献资料，分析、研讨、撰写研究报告，努力将共建"一带一路"主要国家文化市场的情况全面、真实、准确地呈现出来。主要内容包括共建"一带一路"主要国家文化市场发展特点，文化市场供求状况，文化市场政策、资金和人才状况，文化产业国际化状况以及重点文化行业的市场发展状况。

"一带一路"沿线主要国家文化市场研究系列丛书得到中华人民共和国商务部服务贸易和商贸服务业司的支持和指导。"国之交在于民相亲，民相亲在于心相通"，我们将共同见证中国与共建"一带一路"主要国家文化产业的全面合作，期待把文化贸易新篇章书写在"一带一路"倡议实施的征程中！

总主编：李嘉珊

北京第二外国语学院教授
国家文化发展国际战略研究院常务副院长
首都国际服务贸易与文化贸易研究基地首席专家
国家文化贸易学术研究平台专家兼秘书长
2021 年 10 月

目录 CONTENTS

001 / 序　言	"混合的艺术"	
	一　西班牙文化——众多历史因素的"混合"	002
	二　西班牙文化——新旧交替的"混合"	003
	三　文化市场——多行业"混合"发展	004
009 / 第一章	**文化市场主体**	
	一　公共机构	011
	二　私营部门	017
027 / 第二章	**文化市场的需求与供给**	
	一　文化市场的需求	028
	二　文化市场的供给	041
051 / 第三章	**文化市场政策**	
	一　文化政策概述	052
	二　文化立法	053
	三　相关行业文化举措及政策	056
	四　疫情之下文化政策	067
071 / 第四章	**文化市场资金**	
	一　公共资金	073

　　　　　　二　私人融资　　　　　　　　　　　　079
　　　　　　三　信贷和贷款　　　　　　　　　　　083

087 / 第五章　文化市场人才培养
　　　　　　一　艺术学校　　　　　　　　　　　　088
　　　　　　二　文化奖项　　　　　　　　　　　　094

099 / 第六章　文化产业国际化
　　　　　　一　音乐行业国际化　　　　　　　　　100
　　　　　　二　图书出版行业国际化　　　　　　　102
　　　　　　三　电影产业国际化　　　　　　　　　103
　　　　　　四　舞蹈产业国际化——以西班牙弗拉明戈舞蹈为例　105
　　　　　　五　文化产业国际化促进措施　　　　　107

111 / 第七章　重点行业市场现状
　　　　　　一　电影电视行业　　　　　　　　　　112
　　　　　　二　表演艺术行业　　　　　　　　　　123
　　　　　　三　图书出版行业　　　　　　　　　　140
　　　　　　四　电子游戏行业　　　　　　　　　　150
　　　　　　五　创意设计　　　　　　　　　　　　158
　　　　　　六　文化旅游　　　　　　　　　　　　162
　　　　　　七　博物馆和画廊　　　　　　　　　　170
　　　　　　八　艺术教育行业　　　　　　　　　　177

183 / 第八章　中西合作交流趋势与展望
　　　　　　一　中西在政治上交流密切　　　　　　184
　　　　　　二　中西经济贸易发展空间巨大　　　　185
　　　　　　三　中西在文化领域交流深入　　　　　188
　　　　　　四　中西合作前景光明　　　　　　　　190

193 / 后　记

序言
"混合的艺术"

一 西班牙文化——众多历史因素的"混合"

西班牙有一个最具活力和最复杂的文化生态系统。西班牙文化里蕴藏着征服与占领的历史……与此同时他们也曾被其他国家征服和占领过。这些历史对西班牙传统和现代的文化产生了强烈的影响。事实上,从文化的角度来看,在西班牙某些历史时期,那些本会被占领和统治,但实际上却在用他们自己独特的创作和艺术表现形式及历史传统"入侵"西班牙的国家,有时也会被西班牙的利好政策和经济利益所吸引,也会迷恋西班牙的人文、历史传统和地理的魅力。

这意味着西班牙的文化创造从来都不是单独存在的:它是长期多元融合发展的产物,只有在理解西班牙政治、社会和宗教历史的同时,才能更好地理解它。有太多的例子可以说明这一点,当然,可以参考的最基本的例子在西班牙罗马时代。之后,伊比利亚半岛经历了日耳曼部落的入侵,他们为西班牙带来了他们的文化,为西班牙带来了基督教。紧随其后的是南方民族的入侵,最灿烂、最美丽的阿拉伯文化在这片西班牙的土地上蓬勃发展。然后基督教再次带头,推动了对美洲新大陆的发现,并在欧洲其他地方与新教"异端"斗争,这一时期也就是所谓的西班牙黄金时代。

随之而来的是一段时期的衰退,这些衰退会在文化和艺术中反映出来,但也被西班牙输出到欧洲大陆其他国家的神话和形象的文化创造及影响力所弥补。西班牙一些最古老的博物馆、图书馆及表演艺术场所就是在这段时期建立的。然后,20世纪到来了:伴随着令人悲伤的暴力、社会冲突、战争,以及伴随着政治压迫的一段长时期的文化中断,本世纪初见证了文学、诗歌、戏剧以及音乐和视觉艺术领域创造力的伟大复苏,世纪末成为包括电影或流行音乐等领域在内的艺术创作最有成效的时期。这种将西班牙文化的历史和现状联系起来为未来文化提供乐观态度,并接受几个世纪以来具有国内外民族特色的有意识和无意识影响的整体演变,是西班牙文化的内在流动的现实基因。

二 西班牙文化——新旧交替的"混合"

在西班牙文化创作及其文化表现形式中新旧成分明显结合。西班牙的文化传统根植于几个世纪的讲故事、写作创作、音乐创作、视觉艺术、建筑和表演艺术。欧洲国家很少有能融合西班牙文化遗产的物质和非物质遗迹的,这种连续性可以追溯到几百年甚至几千年前。这种遗产当然首先指的是物质遗产,石头、墙壁、小教堂和城市大教堂、宫殿和修道院、村庄、广场和街道,以及绘画、雕塑或珠宝,它们都是世俗艺术创作的见证。但是,如果不了解西班牙的非物质遗产,就无法理解甚至接近它的文化景观,如有些舞蹈,可以追溯到几个世纪前,就像古老的寺庙一样;许多传统也是如此,它们为当今音乐、表演艺术或视觉艺术中的许多文化表达提供了建筑基础。换句话说,在西班牙"旧文化"中,无论以何种方式对其进行定义和分类,它们与当代创作并不是两个背对背的不同世界。这些创作代表了多种多样活的文化,体现了不同创作主体的表达方式,其中旧的文化被高度尊重地对待和保存,并成为年轻一代创造和生产新艺术的源泉,有时甚至是框架。

西班牙有着内在的、结构的文化多样性,这既是不同国家在同一领土上共存的原因,也是其结果。几个世纪以来,这个一直被看作政治统一的国家实际上是由多块不同的领土组成的,这些领土各自有根深蒂固的文化传统和文化特征。其中一些地区的人们使用非西班牙语言。对于这种现实的多样性,有不同的政策出发点,有些人甚至会争论仅存在一种合法的西班牙文化。这其实被夸大了:西班牙文化是真实存在的(甚至有西班牙文化市场和生态系统这样的东西),但它不能被理解或视为统一或单色的现实。西班牙文化是由非常多样的色彩构成的:这在语言发挥更大作用的创作领域尤其如此,但在其他领域也是事实,部分原因是西班牙不同的领土、地区存在不同的政治结构,会优先支持不同的文化事项。

与欧洲其他地区一样，西班牙文化市场的发展与中央、地区和地方当局的作用密切相关。这些机构通过补贴或（不太频繁地）通过税收支持私人活动的资助者，同时他们也是文化市场中非常重要的直接参与者。在本书中会详述一些由公共实体拥有的规模较大的文化基础设施。这类文化基础设施可能包括博物馆、国家遗产或考古遗址，但在某些情况下也包括剧院、舞蹈公司或管弦乐队。由于这种极其紧张的公私关系，西班牙文化市场的健康状况与西班牙国家经济状况及其公共预算直接相关。

基督教，更确切地说是天主教，几个世纪以来一直是西班牙社会和文化生活中最重要的角色。在很长一段时间里，西班牙是世界天主教色彩最浓厚的国家之一。而且，几个世纪以来，西班牙政党的政治和社会行为受到宗教很大的影响，甚至是宗教权威直接影响的结果。在21世纪，对绝大多数西班牙人来说，宗教和信仰已不再像过去那样是个人行为强有力的监管者。然而，如果没有对这一宗教因素的某种理解，就不可能从外围接触到西班牙文化。西班牙的大部分文化遗产仍然掌握在天主教会手中。全国各地的乡村和城市、海边或高山地区的大多数悠久的文化传统，都与表达对圣母玛利亚、圣徒守护神的赞颂和敬意，以及纪念天主教日历事件直接相关，西班牙重要的宗教节日有圣母升天日、圣灵受孕节、圣诞节等。

如前所述，西班牙语并不是西班牙唯一的语言，但不可否认的是，西班牙语随着南美、中美和北美人口的增长其全球影响力与日俱增，极大地提升了西班牙文化特别是在音乐、电影和电视制作以及出版领域的产品出口的竞争力和全球知名度。

三 文化市场——多行业"混合"发展

文化及知识产权相关活动的存在对于更好地了解整个西班牙文化和创意产业至关重要，这意味着与文化市场有关的分析必须同时涵盖这两个研究领域。本书中的大部分数据来自西班牙文化卫星账户（文化与体育部起草的国家统计计划中的一项年度统计活动）。根据官方的信息，文化各行业可划分为以下几个部分。

- 与文化遗产的开发和管理相关的文化行业，如博物馆行业；
- 图书馆和档案馆行业；
- 图书和报刊行业；
- 与视觉艺术相关的文化行业，如绘画、雕塑、摄影、设计和建筑行业；
- 表演艺术行业，如戏剧、歌剧等行业；
- 与视听和多媒体服务相关的文化行业，如电影、音乐、电视和广播行业等；
- 跨领域文化行业，因统计资料不足而无法进行明确分类的文化行业。

文化产业各环节具体如下。

- 文化创作环节，与艺术创作相关的活动，如艺术家、作家和演员的创作；
- 文化生产环节，与文化产品或文化服务相关的活动；
- 文化制造环节，初级文化产品的大规模生产活动，与生产环节不同，制造环节的活动不会增加产品的文化附加值；
- 发行和分销环节，与文化产品的发行和销售相关的活动；
- 监管环节，公共行政部门开展的相关活动；
- 教育环节，与文化相关的教育活动；
- 辅助环节，此环节不生产严格意义上的文化产品和文化服务，但使文化产品更便于使用。

根据西班牙文化卫星帐户的数据研究表明[①]，2015~2019年，文化产业的增加值对西班牙国家整体经济的平均贡献率为2.6%，如果考虑到与知识产权相关的一系列活动，相关数据可上升到3.4%。在2015~2019年各文化行业占

---

① Cuenta Satélite de la Cultura en España, https://www.culturaydeporte.gob.es/dam/jcr:75441c6f-d1d9-48c7-acd4-a1572a899a75/cuenta-satelite-de-la-cultura-en-espana-2015-2019.pdf.

文化产业 GDP 比重方面，与视听和多媒体服务相关的文化行业占文化产业 GDP 比重最多，为 27.6%，，其次为图书和报刊行业，占文化产业 GDP 比重为 26%。

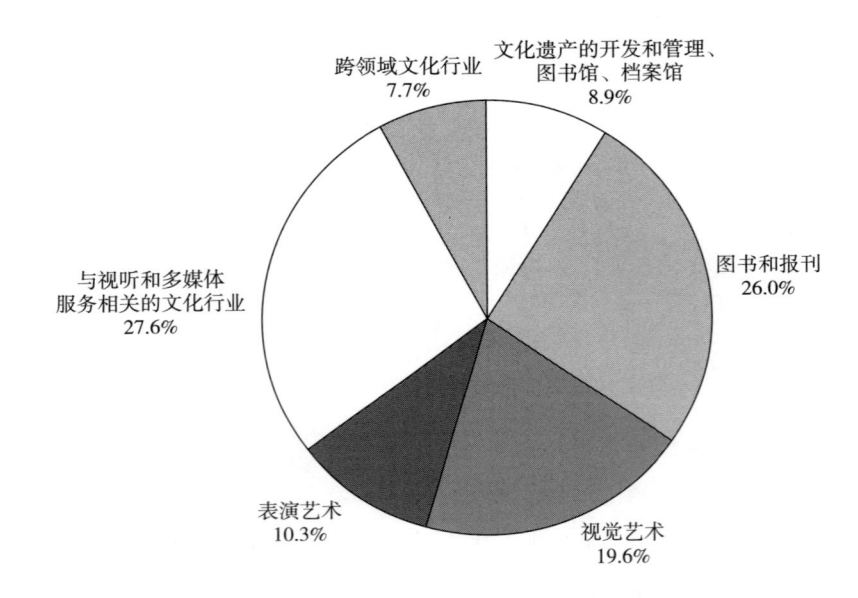

图 0-1　2015~2019 年文化各行业占文化产业 GDP 的年均比重

资料来源：西班牙文化卫星帐户。

2015~2019 年文化产业各环节占文化产业 GDP 的年均比重为：文化创作和生产环节占比最多，占文化产业 GDP 的 58.2%；之后是发行、分销和监管环节，占比为 11.1%；文化制造环节占比为 8.5%；教育环节占比为 10.3%；辅助环节占比为 12%（见图 0-2）。在 2015~2019 年，文化创作和生产环节占文化产业 GDP 比重的年平均增长率为 4.9%。[1]

---

[1] Cuenta Satélite de la Cultura en España, https://www.culturaydeporte.gob.es/dam/jcr:75441c6f-d1d9-48c7-acd4-a1572a899a75/cuenta-satelite-de-la-cultura-en-espana-2015-2019.pdf.

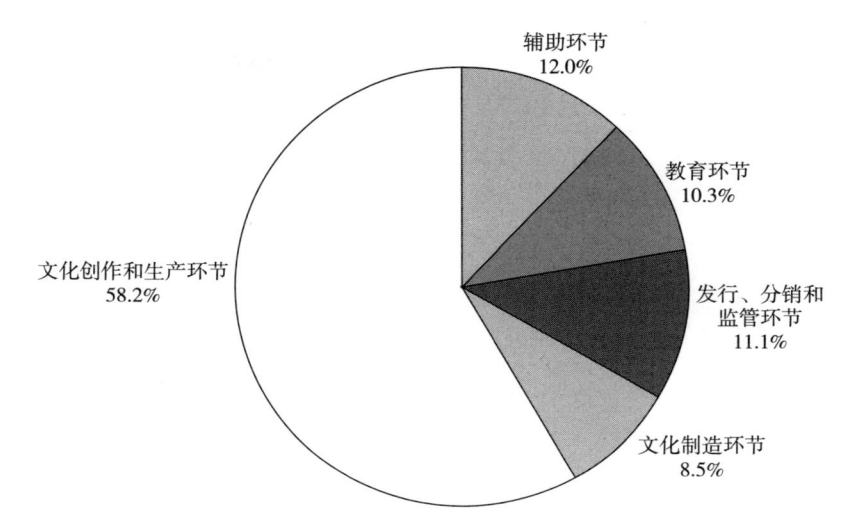

图 0-2　2015~2019 年文化产业各环节占文化产业 GDP 的年均比重

资料来源：西班牙文化卫星帐户。

第一章 文化市场主体

了解西班牙文化市场所涉及的主体，必须从以下具有差异性的概念出发。

- 文化赞助商或文化供应商：这将文化创作活动的资助者与实际进行文化创作者或部分参与者进行了区分；
- 公共管理与私人管理：可以区分由国家及地方政府直接或间接控制的公共机构与私营部门之间的差异；
- 公共预算基金与市场基金：包括主要来源是公共资金资助，其形式是公共资金对活动预算的直接捐款（同时可以通过市场活动获得一些私人资金）以及以市场相关活动为基础的资金（同时可以通过公共补贴或其他税收优惠形式的公共支持）。

关键是，这三种情况之间的区别并不是绝对化的，在特定情况下也可能产生一定的差异，例如文化赞助商或文化供应商可以是私人管理或公共管理的性质，因此可以得到私人或公共资金的支持。

从管理和决策的角度出发，可以清楚地区分公共机构和私营机构的文化市场"行为者"（下文将对商业或非商业目的的行为者进行区分）。公共机构的管理标准不同于私营机构的管理标准，更重要的是，由公共机构任命管理的文化机构总与其相关政策支持密切相关。在某些情况下，相关联系被有意识地削弱，其主要意图是使相关机构尽可能专业化，并在一定程度上使其免受政治变革的影响，但在现实情况中差异性很大。

文化市场中"公共"或"私人"管控的权重与具体的文化行业直接相关。例如电影、出版和电子游戏等行业通常由私人实体驱动，而博物馆或管弦乐队等其他文化行业通常由公共部门管理。

一　公共机构

西班牙从某种形式上说，其政治形式是联邦制，由不同级别的权力机构组成：中央政府（通常扮演"联邦"政府的角色），也被称为国家行政总局（General State Administration）；地区或"自治区"和地方当局或行政部门（有时以"议会"的形式与更高级别的地方政府合作）。

这些公共机构发挥的最重要作用之一是文化筹资。然而，在某些情况下，它们也可以直接转变为文化"供应者"，意味着它们可以直接管控某些地区的文化服务。每年，这些机构都向相关文化组织提供公共资金，以支持文化活动。

西班牙文化与体育部[①]会定期发布《文化统计年鉴》，其中载有与国家文化管理部门、自治区管理部门、地方政府有关的文化支出数据。其统计数据提供了政府对开展的文化活动进行公共资助的年度支出信息。根据《文化统计年鉴2020》的结果，2018年国家行政总局在文化方面的支出为6.96亿欧元，自治区行政管理部门的支出为11.78亿欧元，地方政府的支出为3.476亿欧元，占总支出的比例分别为0.06%、0.1%和0.29%。[②]

西班牙国家行政总局、自治区行政管理部门和地方政府在文化领域的财政支出在2014~2018年大体上呈上升趋势（见图1-1）。其中加泰罗尼亚地区、安达卢西亚地区和巴斯克地区当局对文化的总财政支出在所有地区中一直位列前三。

如图1-2所示，2018年西班牙国家行政总局和自治区行政管理部门均在文化产品与服务方面的经费使用较多。

---

① 西班牙文化部是西班牙政府下负责文化方面的部门，2011年被并入西班牙教育、文化和体育部，2018年7月6日改名为文化与体育部。
② "Anuario de Estadísticas Culturales 2020," http://www.culturaydeporte.gob.es/dam/jcr:52801035-cc20-496c-8f36-72d09ec6d533/anuario-de-estadisticas-culturales-2020.pdf.

图1-1　西班牙国家行政总局及自治区行政部门文化经费情况（2014~2018年）

资料来源：西班牙《文化统计年鉴2020》，西班文化与体育部，以下不再赘述。

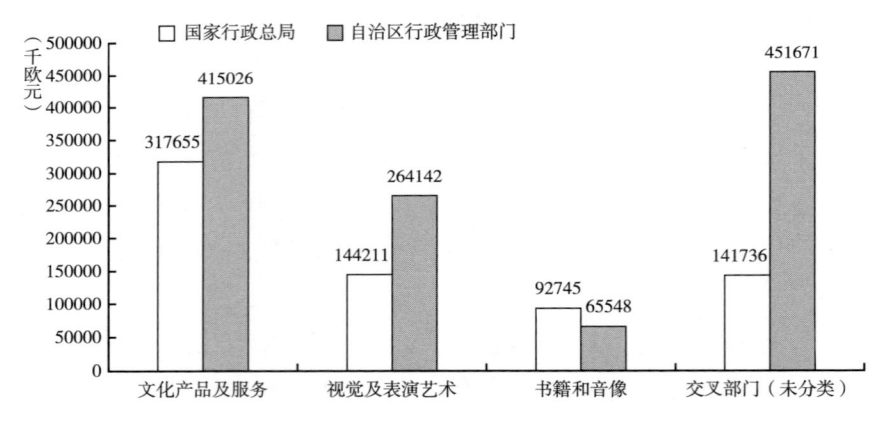

图1-2　2018年西班牙国家行政总局及自治区行政管理部门文化经费使用情况

资料来源：西班牙《文化统计年鉴2020》。

（一）中央政府

中央政府内的主要文化机构是文化与体育部。除发挥政府的作用（因此也是文化政策和监管决策的来源）之外，它在文化市场上还具有双重直接作用：首先，它是全国一些文化项目、机构和活动的重要资助者，同时它还扮演着文化服务的直接"供应者"的角色。作为这个国家一些最重要和最古老的文化机构的"所有者",无论是像国家博物馆或国家图书馆这样的建筑,还是西班牙国家舞蹈公司(Compañía Nacional de Danza)、国家古典戏剧公司(Compañía Nacional de Teatro Clásico)以及国家交响乐团(Orquesta Nacional),文化与体育部都有权任命董事和管理委员会。随着时间的推移,这些任命变得越来越专业,因此它们不会随着政府的每次更新而有所变动。文化和体育部还包括两个拥有一定内部自主权的重要机构,它们与市场活动相关,负责向全国各地的项目和活动直接提供资金,在某些情况下,还负责向受地区或地方管理控制的其他文化公共机构提供资金。这两个机构分别是国家表演艺术和音乐机构(INAEM,Instituto Nacional de Artes Escénicas y de la Música)以及电影和视听艺术机构(ICAA,Instituto de la Cinematografía y de las Artes Audiovisuales)。

国家表演艺术和音乐机构是西班牙文化与体育部负责促进和传播西班牙音乐、舞蹈、戏剧和马戏团的机构,也负责这些文化的海外传播。每年有90多万观众参加2000多场演出和音乐会,构成了西班牙舞台和音乐表演的很大一部分。在演艺方面,依赖国家古典戏剧公司和国家戏剧中心(CDN,Centro Dramático Nacional)。在舞蹈方面,拥有西班牙国家舞蹈团(BNE,Ballet Nacional de España)、西班牙国家舞蹈公司(CND,Compañía Nacional de Danza)。在音乐方面,主要由西班牙国家交响乐团及合唱团(OCNE,Orquesta y Coro Nacionales de España,)、西班牙国家青年交响乐团(JONDE,Joven Orquesta Nacional de España)、国家音乐广播中心(CNDM,Centro Nacional de Difusión Musical)和萨苏埃拉剧院(Teatro de Zarazuela)等实体进行主要演出。

关于展览场地,国家表演艺术和音乐机构是西班牙国家交响乐团及合唱团、西班牙国家青年交响乐团和国家音乐广播中心的总部。瓦尔—因克兰剧院和玛利亚·格雷罗剧院是国家戏剧中心的表演地点,喜剧剧场(Teatro de Comedia/Comedy Theater)是国家古典戏剧公司、国家古典戏剧协会和国家青年古典戏剧公司(JCNTC,Joven Compañía Nacional de Teatro Clásico)进行演出的常驻地点。萨苏埃拉剧院是世界上唯——个主要从事西班牙语抒情歌剧表演的地方。表演艺术和音乐文献中心(Centro de Documentación de las Artes

Escénicas y de la Música)和国家戏剧博物馆在传播和保护舞台和音乐艺术等方面发挥着重要作用,主要表现是表演艺术中心组织的舞台艺术和技术培训。国家表演艺术和音乐机构的主要业务范畴包括通过提供援助和补贴与众多公私性质的实体在西班牙舞台和音乐方面进行合作,以及建立和直接推动有关音乐、舞蹈、戏剧和马戏团的项目,在全国各地巡回演出。国家表演艺术和音乐机构总干事为阿马亚·德·米格尔(Amaya de Miguel)。在重要文化赞助和政府机构中都能看到国家表演艺术和音乐机构的身影,包括皇家剧院、利塞欧大剧院、马斯特兰扎剧院、加泰罗尼亚音乐宫、阿尔马格罗国际古典戏剧节、格拉纳达国际音乐舞蹈节、拉阿尔巴迪亚剧院、马德里索菲亚王后高等音乐学院和桑坦德国际音乐节等。

国家电影和视听艺术机构(INCAA,Instituto Nacional de Cine y Artes Audiovisuales)①是文化与体育部下属的一个自治机构,负责规划支持电影和视听类产品生产的政策,包括对西班牙电影和视听领域的管理、运作、设立奖项、立法、制定公约和扶持等。电影和视听内容中针对利益相关者、学者和专业人士的部分包括以下几方面。

- 电影业,包括行业所需的描述和管理流程;
- 西班牙电影图书馆,提供相关机构的信息、历史记录、资金、服务信息、活动日程和电影特别节目;
- 电影及首映式等,西班牙电影年鉴和电影数据库等工具;
- 关于西班牙和国际节日、奖项、统计、立法、协议、奖学金、扶持和补助的信息。

其职能包括鼓励、促进和安排与西班牙电影和视听相关的制作、发行和展览,恢复、保存、研究和传播西班牙电影遗产,对电影行业专业人员进行培训,与具有类似目的的国际和外国机构保持关系,在电影和视听艺术方面与自治区合作等。

---

① http://www.culturaydeporte.gob.es/cultura/areas/cine/el-icaa/organizacion.html.

文化与体育部以外的其他中央政府机构也可以在西班牙文化市场中发挥作用，这可能是几个部之间的权限分配所致。例如，西班牙工业、贸易与旅游部（Ministerio de Industria, Comercio y Turismo/Ministry of Industry, Commerce and Tourism）多年来一直负责广播监管、电信数字化和信息社会服务等方面的事宜。因此，在电子游戏、广播公司、数字平台建设以及动画产业等领域，该部也扮演着重要的角色，其同样在文化商业活动的国际推广中发挥着重要作用。从这个角度来看，对服务出口的这种支持也延伸到文化创意产业中进行文化商品服务与销售的私营公司。在该领域还涉及隶属外交部的西班牙国际合作与发展署（AECID, Agencia Española de Cooperación Internacional para el Desarrollo），由于历史原因，AECID 与文化与体育部密切合作，利用人力、资金和权力等资源来领导西班牙文化在世界范围内的推广。AECID 主要充当西班牙境外文化活动的资助者。然而，AECID 也可以通过其驻世界各地大使馆的代表直接组织文化活动。

当然，这种情况可能（并且已经）造成与文化与体育部及其相关部门国际活动的潜在冲突。因此，该部和外交部签署了一份谅解备忘录，以有效解决这些冲突，过去几年没有出现严重问题。

除此以外，作为公共广播服务机构的西班牙广播电视台（Radio Televisión Española）在西班牙文化市场中的重要作用也不容忽视。不仅仅是因为它拥有一个完整的管弦乐队和一个大型合唱团，更重要的是，它可以通过其相应的权力为文化活动提供资金，并对传播西班牙文化产生巨大影响。其古典广播电台（Radio Clásica）在西班牙古典音乐传播中发挥着重要作用。不仅如此，广播电视台也将投入更多精力支持流行音乐。

（二）自治区政府

西班牙有 17 个自治区，每个自治区政府都有自己的行政权力和议会。其皆有能力开展独立的文化活动，并有相应的预算作为支撑。文化与体育部作为文化机构的管理者以及文化项目参与者的资金来源，在每个区域都可以发挥重要作用（当然，区域规模越大、越富裕，其发挥的作用就越大）。

鉴于目前的《西班牙宪法》和不同自治区的法律法规，在过去 40 年里，之前由中央政府管理和控制的许多文化设施已移交给地区政府进行管理。因此，就数量而言，西班牙大部分的公共文化设施（如博物馆、图书馆等）目前主要由自治区政府负责，并不由国家负责。由自治区政府管理的大型文化设施包括：加泰罗尼亚国家艺术博物馆（MNAC，Museu Nacional d'Art de Catalunya，加泰罗尼亚）、运河剧场（Teatros del Canal，马德里）、索菲亚王后艺术歌剧院（Palacio de las Artes Reina Sofía，巴伦西亚）等。

在某些情况下，特别是（不局限于）在使用西班牙语（也称为"卡斯蒂利亚语"）以外语言的地区，地区公共广播机构也发挥着非常重要的文化传播作用，以加泰罗尼亚、巴斯克、加利西亚和安达卢西亚等地区为主要代表。

（三）地方政府

这里的地方政府不仅指严格意义上的城市地方当局（Ayuntamiento），也指提供相关服务的其他高层机构。在西班牙的一些地区，由于历史原因，这些机构被称为"地方议会"（Diputaciones），在当地文化市场发挥着相关作用。地方议会有自己的文化资金预算，他们通常是相关文化组织或重要设施（如当地博物馆）的所有者和管理者，例如，阿利坎特考古博物馆由议会管理和资助，在某些情况下，就像在巴塞罗那发生的情况一样，由议会管理的所有中小型博物馆都需运用网络管理模式，这改善了资源的有效利用。这些问题涉及政治和行政级别的差异，伴随时不时的冲突，议会从而决定如何竞争文化领域的权力或资金，在有些时候也可以通过跨机构的适当合作为文化市场提供更为丰富的资源……但有时可能对那些组织或设施幕后的人构成了一定挑战。

地方议会是市政府的附属机构。议会在文化行动领域会有一定的限制，其中显而易见的是由法律规定的职能：图书馆的创建和图书馆服务的网络化管理。但是，除了法律框架之外，市政当局在文化领域发展了其他职能，为公民提供基本的、单独的文化服务，涉及领域有艺术传播，包括戏剧设备的制作，戏剧、音乐和舞蹈的项目规划，视觉艺术展览的展示等，同时也有文化遗产保护和传播，包括博物馆和收藏、市政档案（行政和历史）、建筑和考古遗产、传统文化等，以及建立"文化之家"（Casa de Cultura）或提供多用途文化设备，用于支持社会文化活动。音乐学校是市政当局为公民提供更广泛的音乐学习机会的工具。其他文化活动也属于地方当局的职权范围。

二 私营部门

尽管公共部门在西班牙文化市场上有着重要地位，但作为重要部分的私营参与者也不容忽视。它们是文化和创意服务供应链的组成部分，某些情况下，也是文化活动的资助者。私营部门在文化市场上发挥着重要作用，其几乎在每个领域都有投资和融资。

根据相关研究表明，2019年大多数文化类公司集中在安达卢西亚自治区（19.9%）、加泰罗尼亚自治区（13.6%）、巴伦西亚自治区（10.8%）和马德里自治区（13.6%）。①

2019年，以文化为主要经济活动的公司数量达到了127581个（见图1-3）。从事文化行业或服务活动的企业占总体的85%，其中从事图书馆、档案馆、博物馆及其他相关文化活动的占比为3.7%；出版图书、杂志以及其他相关文化活动的占比为5.8%；电影、录像、广播、电视、音乐制作占比为7.5%；新闻类机构活动占比为0.1%；艺术及表演活动的设计、创作占比为35.2%；摄影类活动占比10.4%；翻译及口译类活动占比为8%；珠宝及类似产品的制造占比为1.4%；文化教育占比为1.3%；相关音乐设备及乐器生产占比为0.3%；平面艺术及影印工具生产占比为11.2%；企业从事的主要领域包括与设计、艺术和表演艺术相关的活动，而从事游戏领域的企业很少，只占0.1%；从事文化贸易或租赁有关活动的企业占15%，负责生产音频设备、视频设备、图书、报纸、文具、音乐影像录制产品，租用录影带及光碟等（见图1-4）。然而，从事特定商务及租赁活动的文化公司数量在2008~2019年有下降的趋势（见图1-5）。此外，58.3%的企业没有雇员，39.9%是有1~5名雇员的小企业，1.1%是有6~49人的企业，其余的0.6%是拥有10~49名以上雇员的企业。

---

① "Anuario de Estadísticas Culturales 2020," http://www.culturaydeporte.gob.es/dam/jcr:52801035-cc20-496c-8f36-72d09ec6d533/anuario-de-estadisticas-culturales-2020.pdf.

图 1-3 从事特定文化产业活动及服务的公司数量

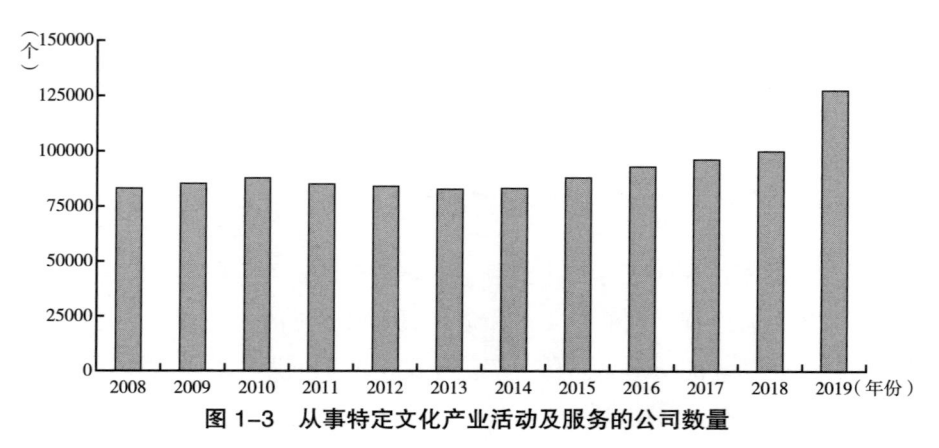

资料来源：《文化统计年鉴》。

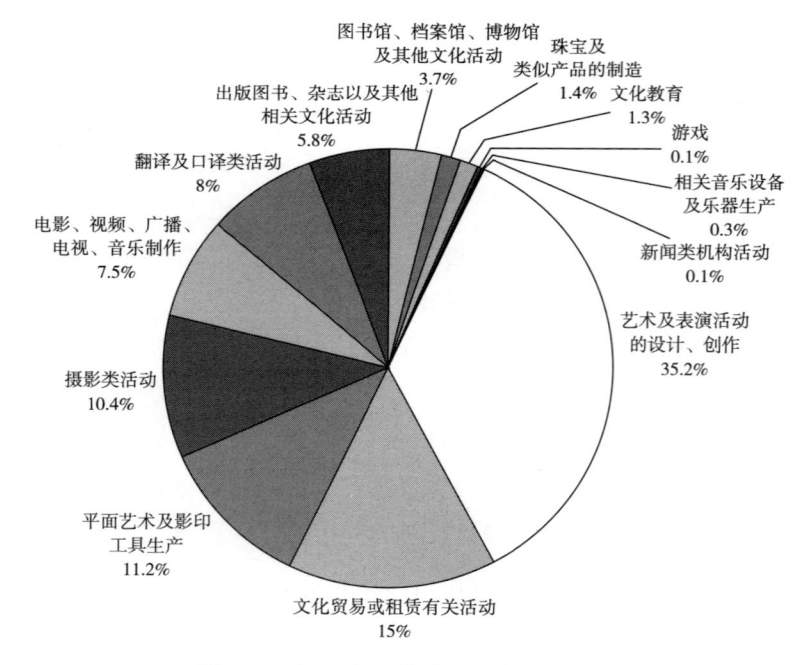

图 1-4　2019 年文化产业经济活动分类

资料来源：《文化统计年鉴 2020》。

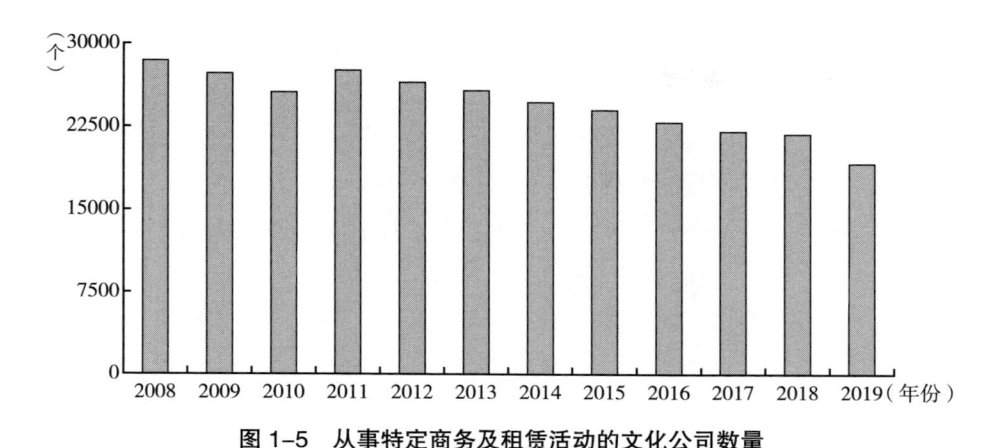

图 1-5　从事特定商务及租赁活动的文化公司数量

资料来源：《文化统计年鉴》。

在文化领域，必须区分商业实体和非商业实体，但这种区别不能够真正地被反映在统计数据中。这种区分通常与该实体开展活动的领域有关。例如，电影和视听行业的大多数相关实体都是由商业利益驱动的，从而延伸到制作、展览。同时，在戏剧或表演艺术中，两者可以共存。在流行音乐或现代音乐行业，商业模式更为常见，而在古典音乐或歌剧领域为数不多的几个私营实体中，几乎没有商业导向（除了唱片公司）。在视觉艺术中，以美术馆为代表的艺术销售本质上是一种商业活动，但是私人博物馆都是由大型非营利实体（基金会）拥有的。

（一）商业或营利性实体

出于显而易见的原因，文化与体育部商业利益的存在与投资风险率及回报率直接相关。事实证明，出版等一些行业（即使总是有风险）的商业化程度更高，例如电影行业主要涉及制作、发行和展览，还有电视行业、动画和网络游戏行业、音乐产业，大城市的剧院、美术馆及其工艺品等。事实上，在文化、创意以及数字技术的交汇中诞生的新领域，私人投资者也占据了较大的部分，这种具有商业模式且在某种程度上以市场为导向的活动也可以获得来自公共资金的财政支持，这不会影响到私人管理或面向市场的决策。

（二）非商业性或非营利性实体

在西班牙的非商业参与者也可以分为两类：协会和基金会。这两类组织都有法人资格，可以直接参与资金和项目的管理。但协会背后是以其成员的利益为基础的，而基金会可以通过大量资金来控制项目。私人基金会是构成西班牙文化市场私营和非商业部门的主要机构。同时，一些较小的协会也在全国发挥着重要作用。一些基金会是文化资助者，而另一些基金会（作为剧院或博物馆的所有者和管理者）则发挥文化服务和活动提供者的作用，同时有的基金会则可以扮演多个角色组织自己的文化活动或资助别人的活动。根据基金会数据调查机构（Fundaciones.es）2017 年完成的一项调查，2017 年基金会（相对于其他社会活动）更多地参与了教育、文化和体育部的相关活动，占 35.93%。加泰罗尼亚和马德里的基金会在自治区级别中参与得最多，分别有 528 个和 578 个基金会。

这些基金会绝大多数与大公司直接相关，如银行、电信等重要公共行业。他们在图书馆、博物馆或表演艺术等文化领域的资助至关重要。

- "凯克萨"基金会（Fundación "La Caixa"）：是一个与加泰罗尼亚大型银行 La Caixa 直接关联的私有实体。它旨在通过资助教育、文化、科学和社会活动，为社会事业服务。它资助的项目，通过支持西班牙各地的文化活动，达到传播文化知识，提升文化活动大众参与度的目标。它也通过其下属的文化中心，在西班牙文化事业中发挥着重要的作用。有些机构甚至以它的名字命名，例如马德里、巴塞罗那和塞维利亚的大型"Caixa Forum"文化中心。其他的文化中心以前由全国中等城市的其他银行控制，现在已经基本被 La Caxia 收购。通过在全国组织巡回展览，支持表演艺术和教育计划，如 Caixa Escena 是一项为选择利用艺术作为文化、社会和教育发展工具的教育工作者提供帮助的倡议。通过这样的方式，基金会与学校展开音乐会合作，以尽可能广泛的形式推广音乐。值得强调的是，它还拥有一个当代艺术收藏中心，通过这样的方式将西班牙艺术与国际化发展联系起来，以艺术传播的形式来推动其发展。整个网络和活动，使该基金会成为迄今为止西班牙国家最重要的私营文化实体。

- 博汀基金会（Fundación Botín）：一个私人和世袭基金会，主要集中在坎塔布里亚，在西班牙和南美洲有很大的影响。其主要目的是通过发掘与培养创意人才，为社会的全面发展做出贡献。探索、教育和交流是其三大任务。同时，其最大的项目是"Centro Botín"，这是一个艺术中心，于2017年建成，旨在挖掘艺术的潜力，并唤醒创意来推广艺术。

- 曼弗雷基金会（Fundación Mafre）：是曼弗雷公司（一家专门从事保险领域业务的西班牙跨国公司）创立的全球性非营利基金会。其业务涉及五个不同的领域，其中之一就是文化领域。曼弗雷基金会在马德里和巴塞罗那之间有三个展厅，其主要目的是向公众传播艺术。除了关注现当代艺术方面的各种活动、展览和出版物外，2009年该机构还扩大了活动范围，在全国开展摄影项目，并迅速走向国际化发展道路。

- 电信基金会（Fundación Telefónica）：成立于1998年，其主要职能是引导及推动Telefónica的社会活动，为艺术和文化的共同发展、融合和创新创造空间。Telefónica是一家西班牙跨国电信公司，也是欧洲最重要的电信公司之一。基金会参与管理的领域包括：艺术、历史、技术和文化遗产。此外，西班牙电信基金会有两种类型的艺术收藏，一种是20世纪的具象艺术，另一种是分布在该国三个最重要的艺术中心（索菲亚王后国家艺术中心博物馆、巴塞罗那当代艺术博物馆和现代艺术学院）的当代前卫艺术。此外，基金会还根据艺术和文化的最新趋势组织辩论、研讨会等活动。

- BBVA基金会：是由银行实体BBVA集团创建的组织。以文化创造和研究为基础的知识推广和促进构成了其计划和目标的核心。它为实施与文化相关的项目的个人或团体提供帮助。为此，基金会设计、实施和资助众多项目，通过奖学金、课程、研讨会和讲习班促进高等教育和专业教育，从而向在推动知识进步领域做出重大贡献的研究人员和专业人员颁发奖项，并通过出版物、辩论和会议进行传播推广。

- 蒙特马德里基金会（Fundación Montemadrid）：该基金会来自成立于1702年的西班牙最古老的储蓄银行马德里储蓄银行（已关闭）。蒙特马德里基金会是一个私人与非营利实体，致力于通过促进艺术创作、奖励、保护遗产的行动来支持文化发展。与此同时，它还拥有一个开放和充满活力的社会和文化中心——拉卡萨恩肯迪达展览中心，在这里提供前卫艺术表达与环境领域相结合的课程。它的文化项目包括表演艺术、电影、展览和其他当代创作。此外，恩肯迪达之家（La Casa Encendida）项目，旨在支持年轻创作者，并拥有可供所有受众使用的完整资源中心（图书馆，媒体图书馆，广播、摄影和多媒体实验室）。

- 西班牙伊维尔德罗拉公司基金会（Fundación Iberdrola）：其主要目的是促进文化发展，特别注意维护文化多样性、独特性，保护文化和艺术遗产等。基金会通过以下形式的活动实现这一目标：恢复和保护历史和艺术遗产，以及与负责管理国家遗产的公共和私营实体及相关机构合作。西班牙伊维尔德罗拉公司的艺术和工业遗产展览旨在扩大其历史、商业和工业的传播范围。通过为当地文化活动做出贡献，可以在全国范围内为促进艺术和文化的发展做出贡献。为了能够做到这一点，基金会支持和赞助公共和私营机构，并与博物馆、剧院、基金会或文化协会共同主办文化艺术类活动。

- 赫尔曼·桑切斯·鲁佩雷斯基金会（Fundación Germán Sánchez Ruipérez）：这是西班牙出版商赫尔曼·桑切斯·鲁佩雷斯（Germán Sánchez Ruipérez）于1981年创立的一个独立的非营利性机构。该机构一直深入阅读领域，超越常规和表象进行多种研究。通过这些实验项目，所涉及的知识和调查的结果都通过书籍、网络、文章、课程、会议、咨询和各种项目的推进传递给社会。

- 马德里设计基金会（DIMAD，Fundación Diseño Madrid）：该基金会于2006年成立，目前有400多名成员。其主要目的是促进首都周围的设计，并制定在文化、商业、公共和私营机构发展和传播的战略。

基金会的工作重点是改进和优化设计公司与行业之间的关系，建立机构的国际关系（特别是在南美洲和欧洲），并与其他西班牙实体合作。为了实现这些目标并使之正规化，该基金会获得了马德里市议会的支持，并参与了象征性文化空间（文化中心）的建设。其还制定了不同的国际项目，如伊比利亚美洲双年展等。

有些基金会发挥着多重作用，它们即使不是文化资助者或文化提供者，它们也作为智囊团或研究中心发挥着重要作用。

- Alternativas 基金会（Fundación Alternativas）：一个成立于1971年的组织，不仅在西班牙，而且在欧洲及全球化的框架内分析和思考政治、社会、经济和文化领域的问题。它还侧重于为政党等重要的经济和社会行为主体提出建议，以便将其纳入决策制度。该基金会还是1997年在马德里成立的智库，旨在讨论公民感兴趣的问题，并充当政治、社会、经济和文化思想传播的渠道。虽然其许多受托人和董事会成员属于社会民主主义西班牙工人社会党，但基金会与该党没有法律或组织关系。基金会由四个独立工作的研究部门组成。交替实验室（Laboratorio de Alternativas）的主任是耶稣·鲁伊斯－韦尔塔（Jesus Ruiz-Huerta），该实验室为大学、研究人员、公共当局和任何对改善集体生活感兴趣的人提供聚会、讨论和合作的场所。其主要目标是将公共政策置于长期监督之下，从个人和集体自由、正义和社会公平以及经济进步的角度评估其是否适合建设先进社会。西班牙对外政策观察站（OPEX, Observatorio de Política Extetior），其主任是基金会副主席尼古拉斯·萨托里乌斯。OPEX 成立于2004年10月，旨在全面更新和促进西班牙的外交政策，涉及政治、安全、经济和文化等领域。观察站力求从进步的角度充当研究、辩论和传播西班牙外交政策问题的中心，从批判的角度分析西班牙的外交政策，在西班牙加入欧洲联盟和融入全球化进程的框架内，在不同的地理和专题、双边和多边领域采取创新的研究方法。进展研究项目

（Estudios de Progreso），一个关于进步和由年轻研究人员提出社会变革建议的项目。文化和传播观察站（OCC, Observatorio de Cultura y Comunicación），一个关于当前文化和传播变革以及对影响这些变革的公共政策的研究、辩论和建议的中心。

- 当代基金会（Fundación Contemporánea）：是 La Fábrica 当代文化中心于 2008 年推动建立的一个机构，目的是促进文化专业人员的发展，为该部门的专业人员创造一个辩论、交流和培训的平台。它涉及与文化领域相关的不同行业，以及公共或私营部门的专业人员，包括文化企业家和那些希望将其职业生涯专注在此领域的人。此外，它还在国内和国际上，为专业人员和文化组织搭建交流经验和协作的平台。当代基金会促进了西班牙国内和国际专业人员和文化组织间的经验交流和合作。为了开展其活动，基金会与其他基金会、行政当局和私人公司签订了具体的项目合作协议。并与 La Fábrica 当代文化中心合作，开展面向文化的专业活动，特别是在培训方面。

很难一一列出所有在西班牙艺术管理或推广中发挥作用的协会，其中一些重要杰出的实体，与视觉和古典艺术有关。

- 索菲娅王后国家艺术中心博物馆协会（Real Asociación Amigos del Museo Nacional Centro de Arte Reina Sofía）：这是一个私人和非营利性的实体，汇集了不同自然人和法人，其宗旨是促进、鼓励和支持与索菲亚王后国家艺术中心博物馆的使命和活动有关的所有文化活动。协会希望与博物馆积极合作，开展各种活动，如艺术品捐赠、组织和赞助课程、会议、音乐会、文化旅行和出版物推广等。
- 马德里歌剧之友协会（Asociación de Amigos de la Opera de Madrid）：成立于 1963 年，是一个与文化和艺术相关的非营利组织，旨在支持和传播与音乐艺术，尤其是与歌剧相关的各种活动。该协会是马德里歌剧爱好者们的典范，促成西班牙歌剧季的确立，荣誉主席是西班牙王后。协会有 2500 个合作伙伴，致力于实现其目标，每年促进、支持和制定各种方案和行动，并为其合作伙伴提供多种活动和服务。
- 加泰罗尼亚合唱团艺术协会（Orfeó Català）：成立于1891年，其总部设立于世界闻名的加泰罗尼亚音乐宫礼堂。它是加泰罗尼亚合唱文化的主要支柱。加泰罗尼亚合唱团艺术协会于1905~1908年推动建造了该建筑，其建筑由西班牙著名的现代主义建筑师路易斯·多梅内奇·蒙塔内（Lluís Domènech i Montaner）进行主设计。其曾是该区域的唯一音乐厅（1997年12月4日前），具有重要的意义，同时它也是加泰罗尼亚省音乐和文化生活的重要交汇点。与此同时，该协会通过基金会发展至当前规模，基金会集中管理着奥尔夫和加泰罗尼亚音乐宫合唱团的所有文化活动。

第二章
文化市场的需求与供给

一　文化市场的需求

（一）文化消费概览

2019年，西班牙家庭在文化产品和服务上的支出为124.515亿欧元，占商品和服务总支出的2.2%。与文化有关的家庭平均支出为664.4欧元，人均支出为266.9欧元。文化支出中最重要的组成部分是：书籍（14.2%）、娱乐（电影院、剧院等）（16%）和移动电话及互联网相关服务（19.8%）。在西班牙人口数量超过10万人的城市，人均文化支出也较高。阿拉贡、巴利阿里、加泰罗尼亚、巴伦西亚、马德里、穆尔西亚、纳瓦拉和拉里奥哈自治区皆高于平均水平（见图2-1）。

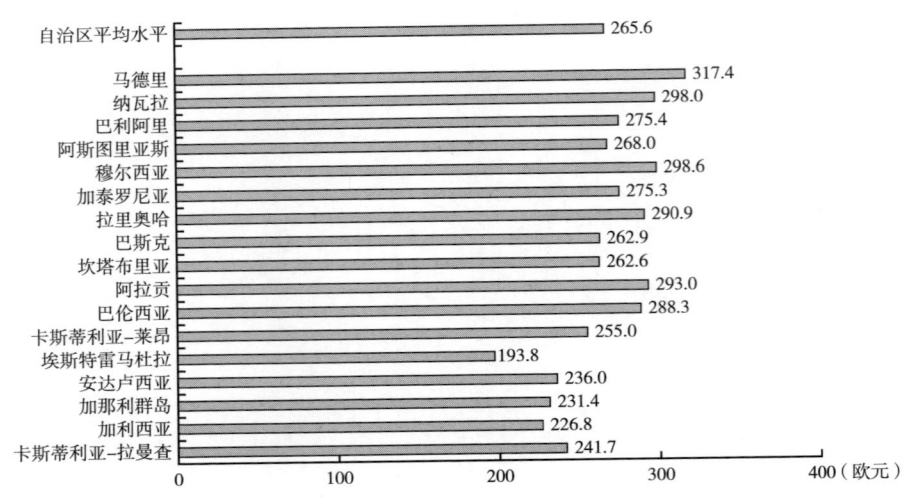

地区	消费（欧元）
自治区平均水平	265.6
马德里	317.4
纳瓦拉	298.0
巴利阿里	275.4
阿斯图里亚斯	268.0
穆尔西亚	298.6
加泰罗尼亚	275.3
拉里奥哈	290.9
巴斯克	262.9
坎塔布里亚	262.6
阿拉贡	293.0
巴伦西亚	288.3
卡斯蒂利亚-莱昂	255.0
埃斯特雷马杜拉	193.8
安达卢西亚	236.0
加那利群岛	231.4
加利西亚	226.8
卡斯蒂利亚-拉曼查	241.7

图 2-1　2019年西班牙各自治区人均文化产品及服务消费

资料来源："Anuario de Estadísticas Culturales 2020，" http://www.culturaydeporte.gob.es/dam/jcr:52801035-cc20-496c-8f36-72d09ec6d533/anuario-de-estadisticas-culturales-2020.pdf。

2019 年，西班牙家庭按商品和服务类别划分的文化产品和服务支出中，移动电话及互联网相关服务占比最高，为 33.3%，其次为视听和信息处理设备及配件，占比为 25.3%，文化服务类占比为 22.5%，图书报刊占比为 18.9%（见图 2-2）。与 2018 年相比，2019 年文化服务支出上升了 2.7 个百分点，达到 22.5%，其中在演出（电影、戏剧等）和在博物馆、图书馆、公园等公共文化场所上的支出占比与 2018 年相比呈现上升趋势（见图 2-3）。

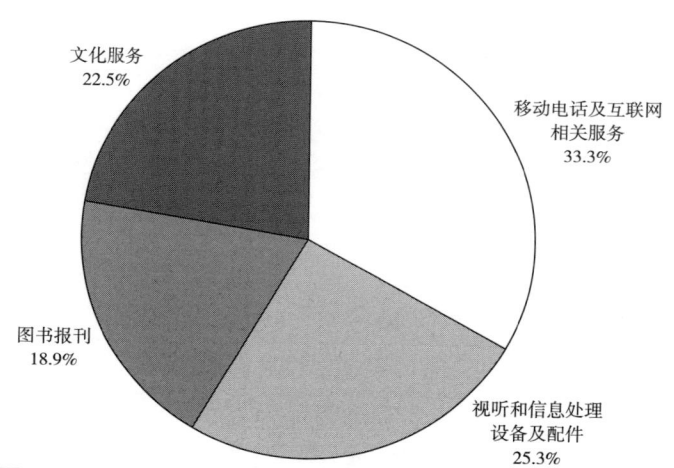

图 2-2　2019 年西班牙家庭文化产品和服务支出类别及占比

资料来源：《文化统计年鉴 2020》。

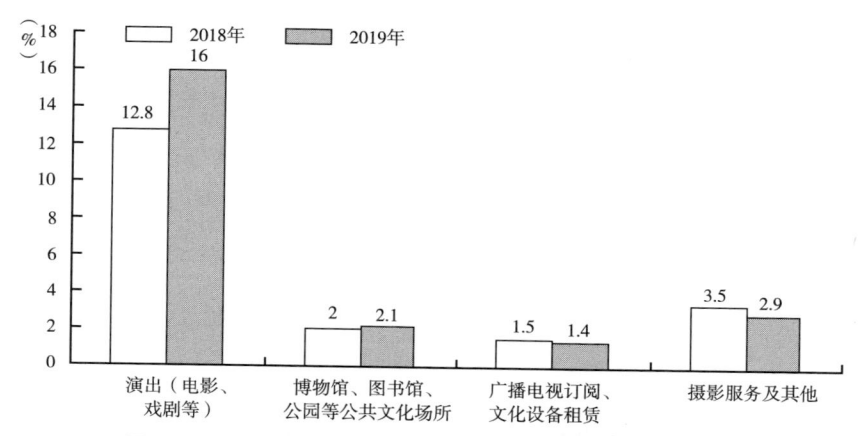

图 2-3　2018 年及 2019 年西班牙各类文化服务项目占比

资料来源：《文化统计年鉴 2020》。

按不同标准划分的群体来看，2019年男女群体在文化产品和服务上的支出在总的商品和服务支出中占比相等，未体现出差异（见图2-4）。在各年龄群体中，随着年龄的增长，文化产品和服务的支出占比呈下降趋势（见图2-5）。如果按受教育程度来划分，受教育程度越高（见图2-6），文化产品和服务支出占比越高。如果按收入来划分，总体上来说收入越高，其在文化产品和服务上的支出就会增加（见图2-7）。

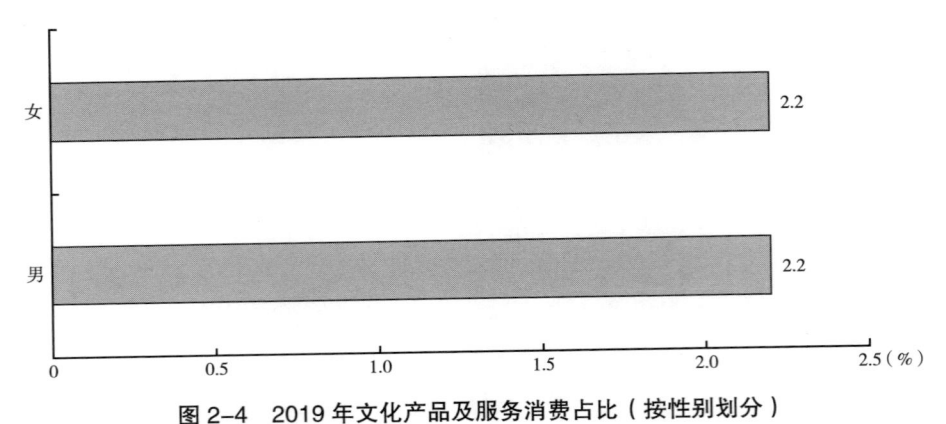

图2-4　2019年文化产品及服务消费占比（按性别划分）

资料来源：《文化统计年鉴2020》。

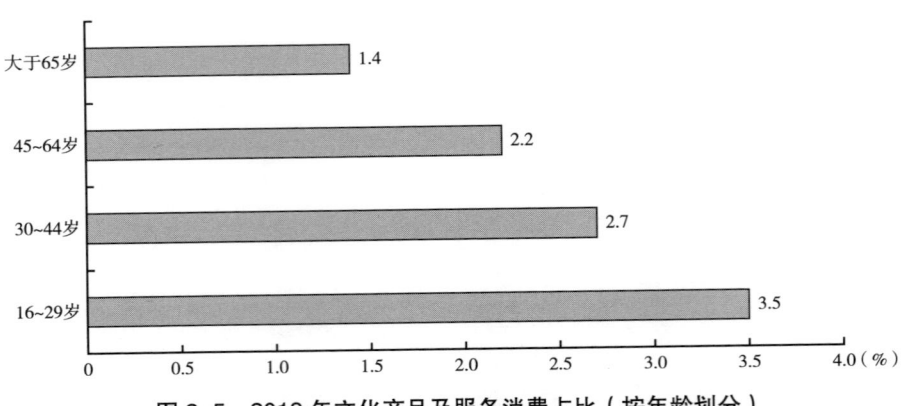

图2-5　2019年文化产品及服务消费占比（按年龄划分）

资料来源：《文化统计年鉴2020》。

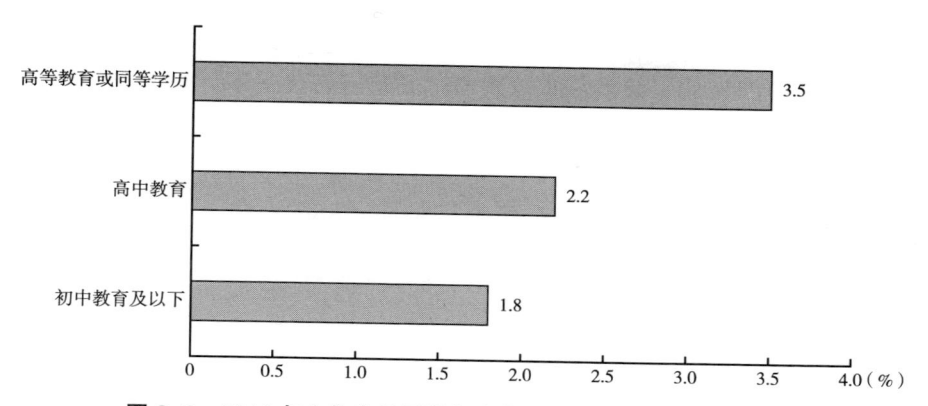

图 2-6　2019 年文化产品及服务消费占比（按受教育程度划分）

资料来源：《文化统计年鉴 2020》。

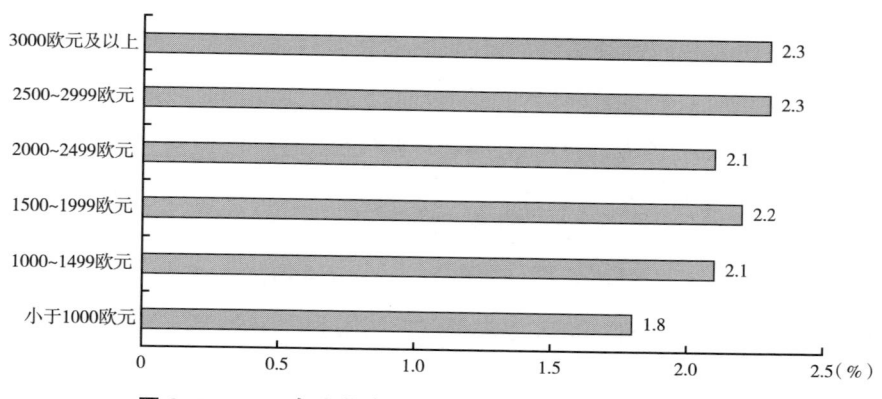

图 2-7　2019 年文化产品及服务消费占比（按收入划分）

资料来源：《文化统计年鉴 2020》。

西班牙文化与体育部于 2019 年 9 月发布的《2018~2019 年西班牙文化习惯与实践调查》[①] 表明：最常见的文化活动是听音乐、读书和看电影，占比分别为 87.2%、65.8% 和 57.8%。这些活动之后是参观纪念碑或遗址，占受访者的 50.8%，其中参观纪念碑的占比为 49.3%，参观考古遗址的占比为 21.8%。至于参观博物馆、展览馆、艺术画廊的人数，2018~2019 年的比例为 46.7%。

---

① "Encuesta de Hábitos y Prácticas Culturales en España 2018−2019," http://www.culturaydeporte.gob.es/servicios-al-ciudadano/estadisticas/cultura/mc/ehc/2018-2019/presentacion.html.

2018~2019年有46.8%的受访者参观现场表演，其中30.1%的受访者参观当代音乐会，24.5%的受访者参观戏剧表演。参观古典音乐会的人数较少（占比9.4%），观看芭蕾舞等舞蹈的人占比8%，参观马戏团的人数占比7.3%，参观歌剧的人数占比3.3%，参观说唱剧（zarzuela）的人数占比1.5%。

有26.8%的受访者会去图书馆，7.1%的受访者每年访问档案馆。调查还涉及了相关的文化活动，以及受访者每年进行什么样的艺术活动。与造型艺术相关的活动频率最高，如摄影占28.8%，绘画占16.1%。9.6%的人喜欢演奏乐器，其次是写作，8.7%的人喜欢写作，2.7%的人喜欢去合唱团唱歌，6.2%的人喜欢跳芭蕾等舞蹈，2.2%的人喜欢表演戏剧。

（二）博物馆、展览馆、艺术画廊和古迹或遗址[①]

总的来说，46.7%的受访者在2018年参观过博物馆、展览馆或艺术画廊。在过去的一年里，40.5%的人参观了博物馆。女性的参观率略高，随着年龄的增长和教育水平的提高，参观率显著上升，平均满意度为8.2分（满分10分）。在2018年，92.8%的参观博物馆的人是出于休闲或娱乐，而7.2%的人是出于职业或学习。98.7%的博物馆参观者参观永久性或临时性的展览，14.2%的人参加其他活动。超过一半的博物馆参观者（51.7%）是在周末或公共假期进行的。2018年去参观博物馆的人中有26.2%是在其所在城市，22.5%是在其所在自治区，30.6%是在西班牙其他地区，20.7%是在国外。47.7%的人按正常价格入场，20.3%的人按折扣入场，32%的人免费入场。在2018~2019年，开放日人数占所有人数的1.2%。在非免费入场者中，16.8%的人通过互联网购买门票。值得注意的是，通过互联网进行虚拟参观博物馆的人口有所增加，占总人数的8.3%。

在2018年，29.8%的受访者参观了某展览馆。就出席频率而言，2018年12月至2019年2月参观展览人平均每年参观2.3次。在2018年参观过展览馆的人中，有92.1%的人是为了休闲或娱乐而参观的，而7.9%的人是出于职业或学习。超过一半的受访者是在周末或节假日参观的，占50.9%。参观艺

---

① "Encuesta de Hábitos y Prácticas Culturales en España 2018-2019," http://www.culturaydeporte.gob.es/servicios-al-ciudadano/estadisticas/cultura/mc/ehc/2018-2019/presentacion.html.

术画廊的人数远远低于参观博物馆和展览馆的人数。2018 年有 16% 的受访者参观过艺术画廊。2018 年参观艺术画廊的人中，有 90.6% 的人是为了休闲或娱乐，而 9.4% 的人是出于职业或学习。47.7% 的受访者是在周末或节假日进行的，而 52.3% 的受访者是在工作日进行的。

在艺术市场方面，2018 年 1.6% 的人口参加了艺术拍卖或博览会，1.2% 的人口进行了一些购买，0.6% 的人口被列为艺术收藏家。

总的来说，在受访者中，50.8% 的人参观了古迹或遗址。在 2018 年，49.3% 的人参观了古迹，在男性和受过高等教育的人群中，这一比例最高。在 2018 年参观过古迹的人中，有 94.1% 的人是为了休闲或娱乐，而 5.9% 的人是出于职业或学习。超过一半的受访者是在周末或节假日进行的，占比 53.1%。36.9% 的人对考古遗址非常感兴趣。在 2018 年，有 92.4% 的人是为了休闲或娱乐，而 7.6% 的人是出于职业或学习。超过一半的受访者是在周末或节假日参观的，占 51.1%。网络虚拟参观古迹和考古遗址的占比分别为 9.9% 和 4.9%。对古迹的平均满意度为 8.3 分，对遗址的平均满意度为 8.2 分。

（三）图书馆及阅读[①]

2018 年，6.8% 的受访者访问线下或线上图书馆。据估计，2018 年访问线下图书馆的人数占 23%，而通过互联网访问的人数占 9.9%。工作环境、年龄和教育水平都是重要的影响因素。就年龄而言，最年轻的学生的访问率最高。在 2018 年 12 月至 2019 年 2 月图书馆访问者平均每人去 10.2 次，访问网上图书馆平均次数为 18.7 次。89.1% 的人在周一至周四去图书馆，而周五和周末去图书馆的占比分别为 5% 和 5.9%。55.3% 的人没有带自己的书。去图书馆的主要原因是学习（29.4%）或借书。在那些访问网上图书馆的人当中，有 8.8% 的人使用了网上借阅电子书的服务。虽然查阅档案资料并不是受访者中最常见的活动之一，但 2018 年 7.1% 的人查看了档案资料，占学生总数的 15.5%。

在受访者中，65.8% 的人 2018~2019 年至少读一本书。调查区分了由

---

① "Encuesta de Hábitos y Prácticas Culturales en España 2018-2019," http://www.culturaydeporte.gob.es/servicios-al-ciudadano/estadisticas/cultura/mc/ehc/2018-2019/presentacion.html.

受访者个人的职业或研究驱动的阅读和由其他原因驱动的阅读,也考虑了休闲或空闲时间因素。研究结果表明,非职业动机在很大程度上是阅读的重要驱动力,在受访者中,其占比为 59.5%,而因职业或学习阅读的人群占比为 33.5%。随着受教育程度的提高,大学生的年阅读率在 2018 年达到 91.6%,在 2018 年最后一个季度达到 85%。女性的年阅读率更高,为 69.4%,而男性为 62%,阅读率随着年龄的增长而下降,55 岁以下的阅读率高于平均水平。在与父母同住的单身人士中,这一比例为 82.2%,在有未成年子女的夫妇中,这一比例为 69.5%。从职业情况来看,学生和从事经济类活动的人的阅读率较高。就图书形式而言:61.9% 的受访者 2018 年至少阅读一本纸质书,20.2% 的人阅读电子图书,9.9% 的人表示直接在互联网上阅读,8.5% 的人通过电子书阅读器阅读,7.3% 的人通过其他移动媒体阅读,1.2% 的人通过数字平台阅读。

在阅读主题方面,在 2019 年 6~9 月有 89.2% 的人选择阅读文学创作,其中当代小说占 76.9%,其次是古典小说占 17.1%,传记或回忆录占 10%。36.8% 的人选择了科普和非专业作品。在科普类书目当中,按主题划分比例最高的是历史,其次是哲学或心理学、社会科学或人文学科。数字图书读者阅读当代小说的比例略高,尤其是冒险小说或犯罪小说,以及有关物理、化学、数学或计算机科学的科普类书籍。

在 2018 年,那些为了休闲或娱乐而阅读的人并没有表现出对阅读的偏好。62.2% 的人对阅读漠不关心,19.7% 的人更喜欢周一至周五阅读,其余 18% 的人更喜欢在周末或节假日阅读。21.4% 的人更喜欢在假期阅读,10.7% 的人喜欢在工作时间阅读,其余 67.9% 的人喜欢在任何季节阅读。在阅读地点方面,97.3% 的人更喜欢在自己家阅读,其次为在交通工具上,虽然仅占 9.8%。76.9% 的人每月至少阅读一次报纸或期刊。42.9% 的受访者使用互联网,但纸质报纸或期刊仍然是首选,52.4% 的受访者每月至少阅读一次。29.7% 的受访者每月咨询一次免费媒体。

就一般新闻类报刊而言,44.4% 的人通常每天阅读,65.8% 的人每周或周末至少阅读一次,69.7% 的人每月至少阅读一次。在每月阅读习惯方面,男性(76.3%)远高于女性(63.3%)。在每月是否阅读至少一次方面，在35~44岁的人群中达到峰值（78.2%），在就业人群中达到峰值（79.4%）。教育水平再次至关重要，在受过大学教育的人群中，这一指标达到了85.6%。在有每月阅读习惯的读者中间，30.2%的人经常阅读文化板块，20.3%的人为科学和技术板块，16.6%为影评板块，12.6%为电视节目评价板块，11.9%为乐评板块，7.8%为戏剧评级板块，8.1%为展览和艺术评价板块，3.9%为斗牛类评论。36.9%的人每月至少看一次杂志，22.7%的人每月至少看一次文化杂志。

（四）表演艺术①

西班牙每年大约有46.8%的人参与文化表演。这些表演活动在女性和年轻人中更为常见。在受访者中，有24.5%的人在2018年参观戏剧表演，其中女性的比例更高，为26.8%，男性为22%。就年龄段而言，15~19岁的年轻人占比最高，为37.2%。2018~2019年，31%的人观看了当代戏剧，25%的人观看了音乐剧，16.6%的人观看了古典戏剧，11.5%的人观看了前卫戏剧，7.4%的人观看了儿童戏剧，其余8.5%的人观看了其他种类的戏剧。58.5%的人在周末进行观看，13%的人免费入场，14.3%的人通过某种形式的折扣入场，72.5%的人以正常价格入场，比上次调查高出3.6个百分点。在非免费入场的人群中，41.8%的人使用互联网进行购票。

在选择作品的依据上，艺术家、主题和亲朋好友的直接意见最为突出，分别占23.3%、34.7%和20.4%。其他原因分别是：导演（3.1%）、作者（5.7%）、宣传（7.6%）、社交媒体评论（2.1%）、专业评论（2.6%）或获奖（0.5%）。27.6%的受访者认为不去剧院或不常去剧院的主要原因是缺乏兴趣，其次是没有时间（25.4%），再次是价格（14.7%）和可观看作品数量有限（15.2%）。仅1.7%的人认为他们更喜欢通过视频、电视或互联网的形式观看。

戏剧表演之后是舞蹈表演，每年有8%的人参观。在这种活动中，女性的比例更高，为10.1%，而男性为5.7%。其中，观看古典芭蕾的占38.6%，

---

① "Encuesta de Hábitos y Prácticas Culturales en España 2018-2019," http://www.culturaydeporte.gob.es/servicios-al-ciudadano/estadisticas/cultura/mc/ehc/2018-2019/presentacion.html.

现代舞占 26%，西班牙舞或弗拉明戈舞占 16.4%，民俗或民族舞占 8.8%。超过一半的人在周末参加，占 58.6%。30.5% 的人是免费入场的，10.8% 的人是享有折扣入场的。在非免费入场者中，33% 的人使用互联网进行购票。

每年观看马戏团表演的人所占比例与观看舞蹈表演的数值非常接近，为 7.3%。这一比例在女性中略高，在 35~44 岁的人群中达到顶峰。按类型划分，传统马戏团占 56.2%，当代马戏团占 32.5%。71.9% 的观众在周末或节假日观看。8% 的人免费观看，16.3% 的人购买有折扣的门票，75.3% 的人购买正常价格的门票，65.7% 的人在售票处买票，30.7% 的人使用互联网购票。参观歌剧和说唱剧的出席率要低得多，2018 年分别为 3.3% 和 1.5%。

2018 年，约 1/3 的人参加了当代音乐会，占受访者的 30.1%。男性的这一比例为 31.6%，高于女性及 25 岁以下的年轻人。在受访者最喜欢的音乐类型中，西班牙流行摇滚占 46.6%，外国流行摇滚占 9.6%，创作歌手的歌曲占 7%，弗拉明戈占 4.7%。

53.1% 的音乐会是在临时或有其他用途的设施内举行的，70.4% 的音乐会是在周末举行的。免费入场的比例为 34.9%。在那些为门票付费的人当中，58.6% 的人是通过互联网购买的。没有参加音乐会的人，26.8% 是因为缺乏时间，22.9% 的人是因为缺乏兴趣，17.8% 的人是因为价格昂贵。

2018 年，9.4% 的人参观了古典音乐会。女性的这一比例为 9.5%，男性为 9.3%，55~74 岁人群这一比例最高。60% 的人观看类型为交响乐团，15.5% 为室内乐团，13% 为合唱团或声乐团，7% 为独奏者表演。

通过互联网观看当代音乐会的人数比例很高，为 13.5%，而通过互联网观看古典音乐会的人数比例为 4.8%，戏剧为 3.6%，舞蹈表演为 3.8%，歌剧为 2.4%，马戏团表演为 1.5%，说唱剧为 0.9%。

（五）音乐[①]

70.6% 的人通常每天听音乐，83.5% 的人每周至少听一次音乐，87.2%

---

① "Encuesta de Hábitos y Prácticas Culturales en España 2018-2019," http://www.culturaydeporte.gob.es/servicios-al-ciudadano/estadisticas/cultura/mc/ehc/2018-2019/presentacion.html.

的人每年至少听一次音乐。男性听音乐的频率更高。年轻人听音乐的频率最高。53.2%的人直接在互联网上听音乐，48.5%的人通过手机听音乐。受访者中，67.9%的人更喜欢听来自广播电台的音乐，其次是数字媒体，为47.4%，33.9%的人更喜欢听CD、DVD或黑胶唱片等。对于那些每周至少听一次音乐的人来说，83.5%的人平均每天听音乐的时间是146.7分钟，工作日的平均时间是156.4分钟，高于周末的137.6分钟。对于听音乐的地方，88.4%的人在家里听，55.3%的人在车里听，20.6%的人在工作中听，11.6%的人在公共交通工具上听。

在每三个月至少听一次的音乐类型中，西班牙流行摇滚占64.8%，外国流行摇滚占49.7%，旋律类歌曲占32.3%，拉丁流行摇滚类占35.7%，原创类歌手歌曲占31.4%，弗拉明戈占22.3%，古典音乐占22.7%。

（六）电影及视频类[①]

电影仍然是最受欢迎的文化活动之一，西班牙超过一半的人（57.8%）每年观看电影，其中男性为58.4%，女性为57.3%。在年龄方面，差异显著，从年轻人的89.7%到老年人的11.8%。与父母同住的单身人士（81%）和有未成年子女的夫妇（67.9%）在这项活动中也很突出。

2018年，去看电影的大多数人是在周末去看的，其中54.7%的人在周末去看电影，45.3%的人在工作日去看电影。2/3（68.1%）的电影观众以正常价格购买门票，那些获得某种折扣的人集中在35岁以下的年轻人和54岁以上的老年人，15.4%的非免费购票者通过互联网购票。

偏好喜剧和动作片的人占比分别为20.6%和17.4%。值得注意的是，有11.1%的人选择儿童电影，4.2%的人选择卡通电影。

电影主题和家人朋友的意见是选择电影的决定因素，分别占38.8%和16%。宣传原因占比较低，为11.1%，演员为15.9%。社交媒体上的意见、专业评论或奖项的占比率非常低。2018年，3.9%的人去电影院看其他类型的表演，其中最常见的是音乐会（34.7%），其次是其他表演（25.1%）或体育表

---

① "Encuesta de Hábitos y Prácticas Culturales en España 2018-2019," http://www.culturaydeporte.gob.es/servicios-al-ciudadano/estadisticas/cultura/mc/ehc/2018-2019/presentacion.html.

演（17%）。

56.4% 的受访者每周至少看一次视频，61.8% 的人每月至少看一次，65.1% 的人每年至少看一次，其中 63% 的人看电影，54.5% 的人看电视剧。

在经常观看视频的人群中，57.9% 的人直接在互联网上观看视频，47.4% 的人更喜欢物理媒体（CD、DVD 或蓝光光盘），64.9% 的人更喜欢使用数字媒体。

33.6% 的人经常通过数字平台观看视频。电视仍然是最常用的设备（84.3%），17.8% 的人使用手机，25.5% 的人使用电脑，11% 的人使用平板电脑。每周观看视频平均时长为 398 分钟。

（七）视听类设备与新技术[①]

几乎所有的人（91.2%）经常看电视。这种习惯在所有的人群中都可以观察到，无论个人特征是什么，或者居住的城市的特征是什么，其占比都非常相似。通常在工作日观看的人群占比为 90.8%，而在周末观看的人群占比为 88.1%。按节目类型划分，79.5% 的人观看新闻，71.4% 的人看电影和故事片。排在第三、四位的是连续剧（62.9%）和体育（31.1%）。24.2% 的人观看纪录片和文化节目，23.3% 的人观看文化类竞赛节目。7.8% 的人使用电脑或平板电脑看电视，4.3% 的人使用手机和其他设备。

76.2% 的受访者经常听广播。64% 的人每天收听一次，74.3% 的人每周至少收听一次，75.4% 的人每月至少收听一次。这种习惯在男性和 35~64 岁的人群中更为常见，每天听收音机的平均时间是 125 分钟。在工作日，这是一个更常见的爱好（75.4%），而在周末，这一比例为 67%。

那些经常听广播的人偏向音乐节目的占比为 75.2%，偏向新闻节目的占比为 61.7%，偏向聊天节目的占比为 15.4%，偏向体育节目的占比为 16.6%，偏向纪录片和文化节目的占比为 3.1%。

19% 的人使用手机听广播，7.4% 的人使用电脑或平板电脑收听广播。

---

① "Encuesta de Hábitos y Prácticas Culturales en España 2018-2019," http://www.culturaydeporte.gob.es/servicios-al-ciudadano/estadisticas/cultura/mc/ehc/2018-2019/presentacion.html.

75.1%的人每月至少上网一次，在男性和年轻人中这种习惯最为普遍，显示了与休闲相关的动机是使用新技术的重要性。

（八）游戏[①]

13.8%的人每月至少玩一次电子游戏，男性的这一比例为20.8%，远高于女性的7.1%。在年龄方面，最年轻的年龄组达到了45.2%的峰值，随着年龄的增长，下降幅度一直达到2.4%（75岁以上）。与父母同住的单身人士（37.5%）和学生（42.7%）在这项活动中也很突出。在过去三个月玩游戏的人中，超过一半（53.2%）的人更喜欢动作或冒险类电子游戏，51.7%的人更喜欢策略类电子游戏，32.7%的人更喜欢运动类游戏。

最常用的工具仍然是游戏机（67.2%），其次是电脑（26.7%）、手机（31.1%）或平板电脑（13.6%）。

（九）积极的文化实践和其他与休闲相关的活动[②]

该报告还调查了受访者每年进行的艺术活动类型，可以称之为积极的文化实践。与造型艺术相关的活动频率最高，如摄影占28.8%，绘画占16.1%，写作占8.7%，女性和年轻人更喜欢写作。在音乐或表演艺术方面，9.6%的人演奏乐器，2.7%的人在合唱团唱歌。2.2%的人表演戏剧，6.2%的人跳芭蕾舞等其他舞蹈，2.2%的人跳弗拉明戈舞或西班牙舞蹈。

平均每年15.4%的受访者参加会议或圆桌会议，24.3%的受访者参加文化中心活动，22.8%的受访者参加书展，4.1%的受访者参加读书俱乐部或其他文学活动，如讲故事。57%的受访者参加传统文化或非物质遗产的活动，如民间节日、嘉年华等。

2018年，5.4%的人参加了一些与文化有关的培训课程，重点是舞蹈、绘画或演奏乐器。

---

① "Encuesta de Hábitos y Prácticas Culturales en España 2018-2019," http://www.culturaydeporte.gob.es/servicios-al-ciudadano/estadisticas/cultura/mc/ehc/2018-2019/presentacion.html.

② "Encuesta de Hábitos y Prácticas Culturales en España 2018-2019," http://www.culturaydeporte.gob.es/servicios-al-ciudadano/estadisticas/cultura/mc/ehc/2018-2019/presentacion.html.

（十）总结[1]

2018 年，女性对写作的兴趣最高，为 9.2%，而男性为 8.1%。在阅读方面，女性为 69.4%，而男性为 62%（除专业阅读和新闻，这两项活动男性参与率更高）。

女性群体更经常到图书馆，占比为 25.2%，而男性占比为 20.6%；通过互联网访问线上图书馆，女性占比为 10.2%，男性占比为 9.6%。女性参加绘画等其他艺术活动的次数更多。参观博物馆、展览馆、艺术画廊的比例高于平均水平，而男性参观纪念碑和考古遗址的比例更高。

演奏乐器、摄影或录像是男性最常见的艺术爱好，他们每年参观现代音乐会的比例也很高。女性的观影率为 57.3%，男性为 58.4%。

几乎在所有文化领域中，年轻人的文化参与率都是最高的：他们参观了更多的博物馆、古迹，更多的舞台演出或音乐表演，阅读更多，去图书馆次数更多，参加更多的积极的文化实践。随着年龄的增长，这种高参与率或多或少会下降。毫无疑问，教育水平是文化参与最具决定性的变量，文化参与度会随之上升。

通过数据可以看出文化项目之间有很强的联系。

参观博物馆、艺术画廊或展览馆的人的阅读率有了很大的提高，占比为 85.9%，而总人口阅读率为 65.8%。在这些人中，观看戏剧表演占比为 42.1%，观看电影占比为 79%。在 2018 年读书的人群中，参观博物馆的占比为 53.4%，观看戏剧表演的占比为 33.3%，观看现场音乐会的占比为 38.7%。

观看演艺表演的人中有 67.8% 的人参观博物馆，87.1% 的人进行阅读和 81.2% 观看电影。如果我们把分析的重点放在参观音乐会的人身上，我们会发现这些人中有许多人为读者，占比为 84.7%（按年计算），观影人数占比为 80%（按年计算）。几乎所有人（95.8%）都倾向于每月至少听一次音乐。

每年去看电影的人中，有 81.3% 的人有阅读习惯，56.2% 的人会参观博物馆。

---

[1] "Encuesta de Hábitos y Prácticas Culturales en España 2018-2019," http://www.culturaydeporte.gob.es/servicios-al-ciudadano/estadisticas/cultura/mc/ehc/2018-2019/presentacion.html.

在那些经常玩电子游戏的人当中,看电影和喜欢音乐或阅读的比例要高得多,分别为 82.4%、96.6% 和 79.6%。

值得注意的是,自 2014~2015 年调查以来,文化参与率普遍上升,在古迹或遗址和博物馆、展览馆、艺术画廊中可以看到非常突出的表现。同样,图书馆的访问率也有了显著的提高,纸质和数字格式的年阅读率都有所提高。对图书馆的访问也在增加。

在演艺和音乐方面,这类表演的年观看率总体上较高。在演艺中,戏剧和芭蕾舞的表现尤为突出。相比之下,马戏团的年观看率保持稳定趋势。音乐会的出席人数有了显著的增加,这主要是由于当代音乐会观众的增加。电影观众的比例正在大幅上升,这无疑是最受欢迎的文化表演(见图 2-8)。

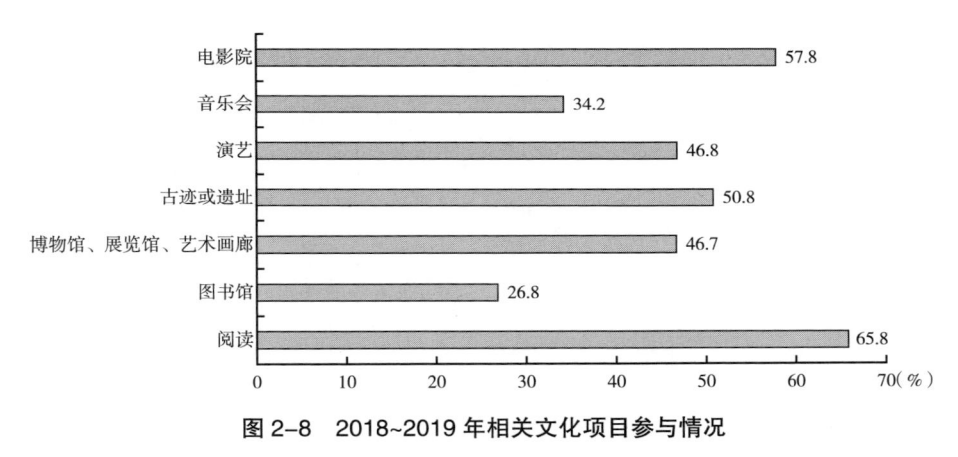

图 2-8 2018~2019 年相关文化项目参与情况

资料来源:"Encuesta de Hábitos y Prácticas Culturales en España 2018-2019," http://www.culturaydeporte.gob.es/servicios-al-ciudadano/estadisticas/cultura/mc/ehc/2018-2019/presentacion.html。

二 文化市场的供给[①]

(一)文化遗产

2019 年注册为西班牙国家文物古迹[②](BIC, Bienes de Interés Cultural)的

---

① "Anuario de Estadísticas Culturales 2020," Ministerio de Cultural y Deporte.
② 西班牙的一个文化遗产注册类别。

文化遗产总量为 17199 处，比 2018 年下降 2.4%。按类别分析，2019 年登记在册的大多数不动产属于古迹类别，占 78.9%，其次是考古遗址，占 12.6%，历史建筑群占 5.4%，历史遗址占 2.6%，历史园林占 0.5%。在动产注册方面，2019 年共有 23400 处。其中绘画类占 33.6%，雕塑类占 14%，其次是家具类占 12.1%，文献遗产类占 7.2%，版画类占 4.3%，挂毯类和纺织品类占 3.9%，文件遗产类占 3%。2019 年西班牙各自治区文物古迹注册情况详见表 2-1。

表 2-1 2019 年西班牙各自治区文物古迹注册情况

单位：处

	2019 年注册为西班牙文物古迹的不动产总数量	2019 年注册为西班牙文物古迹的动产总数量
安达卢西亚	3495	6271
阿拉贡	797	70
阿斯图里亚斯	372	72
巴利阿里	3051	1299
加那利群岛	510	2085
卡斯蒂利亚－莱昂	1360	156
加泰罗尼亚	2396	501
巴伦西亚	1344	1003
埃斯特雷马杜拉	274	330
加利西亚	770	6589
马德里	476	603
穆尔西亚	523	1798
纳瓦拉	194	2244
巴斯克	288	92
拉里奥哈	166	2
坎塔布里亚	284	31
卡斯蒂利亚－拉曼查	793	254

资料来源：《文化统计年鉴 2020》。

（二）博物馆及相关展品（藏品）

统计数据估计，2018 年，接受调查的 1481 家博物馆机构共接待游客 6540 万人次，比 2016 年增长 9.2%。每个开放博物馆的平均参观人数为 45929

人，在其他类型的博物馆、当代艺术馆和美术馆中达到顶峰。

大多数接受调查的机构（73.5%）为公有制，24.6%为私有制，1.9%为混合所有制。在公有制机构中，属于地方政府的占总数的49.1%，而属于中央政府的占11.6%，属于自治政府的占10.6%。

按博物馆的馆藏类别进行分类，藏品类别属于人种类型学、人类文化学和人类学的博物馆，占17.1%，藏品类别属于考古学的占13.1%。其次藏品是美术类、特定领域类和历史类的博物馆，分别占12.7%、10.7%和9.9%，再次是普通类博物馆和当代艺术馆，分别占9.2%和9.1%。最后，低于6%的是那些主要致力于古宅博物馆、科学技术、自然科学和自然历史、场地、装饰艺术等领域的项目。2018年西班牙各自治区博物馆分布情况详见表2-2。

表2-2　2018年西班牙各自治区博物馆分布情况

单位：家

	2018年数量（自治区普查）
安达卢西亚	174
阿拉贡	74
阿斯图里亚斯	57
巴利阿里	56
加那利群岛	54
坎塔布里亚	13
卡斯蒂利亚-莱昂	110
卡斯蒂利亚-拉曼查	186
加泰罗尼亚	117
巴伦西亚	234
埃斯特雷马杜拉	51
加利西亚	87
马德里	129
穆尔西亚	35
纳瓦拉	13
巴斯克	63
拉里奥哈	16

资料来源：《文化统计年鉴2020》。

（三）图书馆

研究结果表明，2018 年西班牙图书馆数量为 6458 个，平均每 10 万居民拥有 13.8 个图书馆。62% 的图书馆是公共图书馆，拥有一般性馆藏，提供文化、教育、娱乐和社会信息服务，所有公民都可以使用。专业图书馆的藏书涉及某一特定学科或领域，占总数的 30.7%，4.2% 为高等教育院校图书馆，3.1% 为特定用户群体图书馆。图书馆注册用户比 2016 年减少 2%，达到 2180 万人，2018 年图书馆访问量为 1.978 亿次。2018 年西班牙各自治区图书馆分布情况详见表 2-3。

表 2-3 2018 年西班牙各自治区图书馆分布情况

单位：个

	2018 年图书馆数量
安达卢西亚	968
阿拉贡	320
阿斯图里亚斯	134
巴利阿里	133
加那利群岛	169
坎塔布里亚	99
卡斯蒂利亚－莱昂	517
卡斯蒂利亚－拉曼查	561
加泰罗尼亚	850
巴伦西亚	594
埃斯特雷马杜拉	481
加利西亚	476
马德里	534
穆尔西亚	100
纳瓦拉	129
巴斯克	312
拉里奥哈	62

资料来源：《文化统计年鉴 2020》。

（四）图书

2019 年，西班牙申请国际标准书号（ISBN）的图书数量为 9.0073 万本。其中近 3/4（6.53 万本，占 72.5%）是纸质图书，第一次出版的图书为 8.76 万本，再版 2477 本，分别占总数的 97.3% 和 2.7%。按图书编辑种类划分，90.4% 为私人编辑，9.6% 为公共编辑。

按类别分类，社会科学和人文学科类图书占 36.3%，其次是文学创作学科类图书，占 24.3%，科学和技术书籍占 11.7%，儿童和青年书籍占 11.2%，休闲类图书占 7.9%。2019 年西班牙各自治区申请 ISBN 图书情况详见表 2-4。

表 2-4 2019 年西班牙各自治区申请 ISBN 图书情况

单位：%，本

	2019 年申请 ISBN 图书占比	2019 年申请 ISBN 图书数量
安达卢西亚	16.6	14973
阿拉贡	2	1831
阿斯图里亚斯	1	867
巴利阿里	0.9	793
加那利群岛	1.3	1139
坎塔布里亚	0.4	351
卡斯蒂利亚－莱昂	1.6	1430
卡斯蒂利亚－拉曼查	1.2	1069
加泰罗尼亚	28.5	25645
巴伦西亚	7.7	6977
埃斯特雷马杜拉	0.9	826
加利西亚	2.3	2049
马德里	30.5	27500
穆尔西亚	1.1	1010
纳瓦拉	0.9	773
巴斯克	2.8	2542
拉里奥哈	0.3	280

资料来源：《文化统计年鉴 2020》。

(五)演艺及音乐艺术

据估计,2019 年西班牙剧院数量为 1709 个,即每 10 万居民享受 3.6 个剧院。音乐厅有 541 个,相当于每 10 万居民享受 1.2 个音乐厅。据统计,公共类剧院占 70.8%,私有类占 27.8%,混合类占 1.2%。2019 年西班牙各自治区剧院和音乐厅分布情况详见表 2-5。

2019 年,拥有国际标准音乐编号(ISMN,International Standard Music Number)的音乐作品有 1602 件,其中第一次出版的音乐作品占 96.8%。按音乐类型划分,48.3% 为器乐类音乐,其次是声乐类(30.1%)和轻音乐(14.8%)。

表 2-5 2019 年西班牙各自治区剧院和音乐厅分布情况

单位:个

	剧院	音乐厅
安达卢西亚	217	71
阿拉贡	40	9
阿斯图里亚斯	33	16
巴利阿里	56	14
加那利群岛	56	22
坎塔布里亚	20	12
卡斯蒂利亚-莱昂	83	40
卡斯蒂利亚-拉曼查	71	16
加泰罗尼亚	392	94
巴伦西亚	145	82
埃斯特雷马杜拉	44	7
加利西亚	94	31
马德里	288	84
穆尔西亚	50	10
纳瓦拉	31	8
巴斯克	76	18
拉里奥哈	11	5

资料来源:《文化统计年鉴 2020》。

2019年的戏剧表演及音乐演出数量与2018年相比都呈现增长的趋势（见图2-9）。

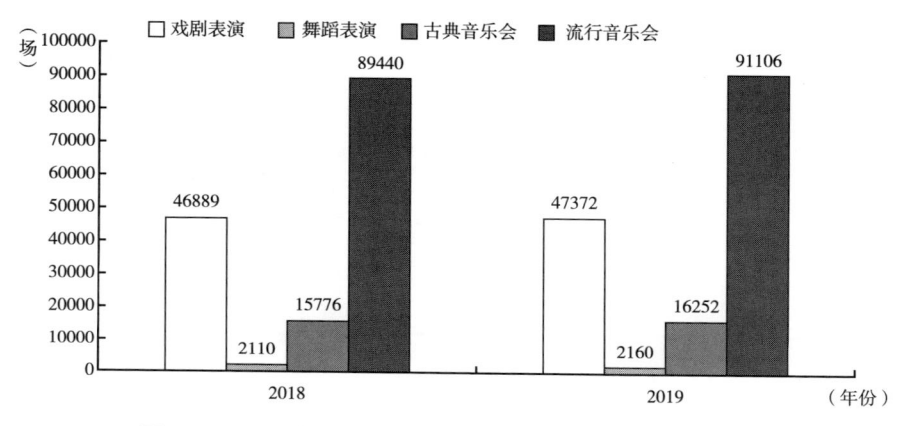

图2-9　2018年及2019年西班牙戏剧表演及音乐演出情况

资料来源：《文化统计年鉴2020》。

（六）电影及视听类内容

2019年，全国3695家影院共放映电影1835部，其中655部（35.7%）首映。2019年的观影人数为1.049亿人，总收入为6.147亿欧元，与去年相比分别增长6.1%和5%。

2019年西班牙电影上映487部，观众有1590万人，票房总收入为9220万欧元，同比分别下降10.5%和10.6%。2019年上映的外国电影吸引了8900万名观众，收入为5.226亿欧元。

根据数据统计可得出，大部分的西班牙电影生产公司每年只生产1部电影，而每年生产大于5部电影的公司数量极少（见图2-10）。与电影生产公司的情况类似，绝大部分电影发行公司每年只发行1部电影（见图2-11）。

绝大部分西班牙电影发行公司发行的都是西班牙本土电影，但是近几年发行的西班牙本土电影数量呈下降趋势（见图2-12）。西班牙电影院及放映厅数量在2016~2019年基本上呈上升趋势（见图2-13）。

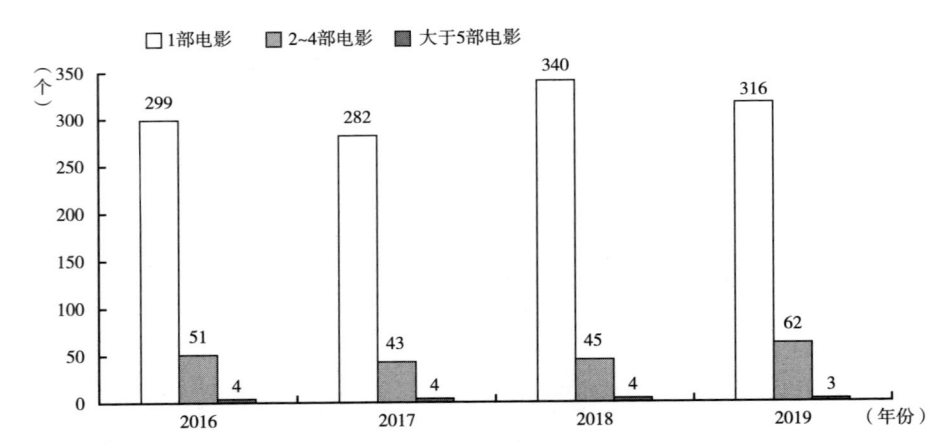

图 2-10　2016~2019 年西班牙电影生产公司生产的电影数量（按制作电影数量分类）

资料来源：《文化统计年鉴 2020》。

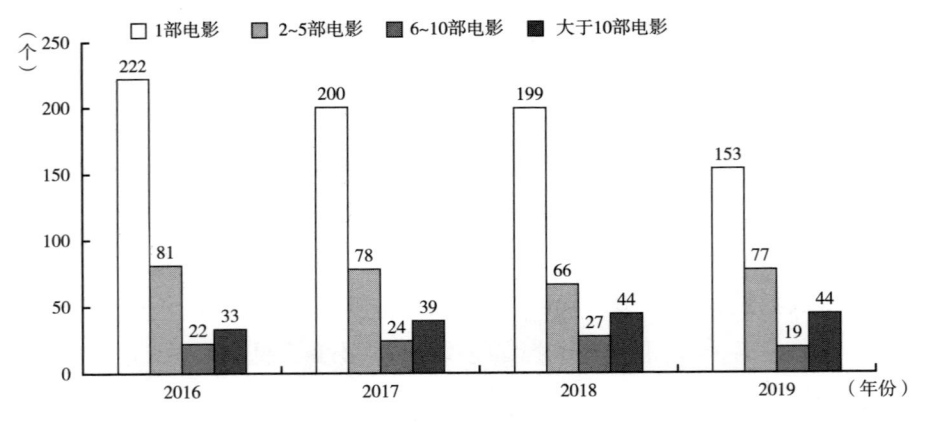

图 2-11　2016~2019 年西班牙电影发行公司发行的电影数量（按发布电影数量分类）

资料来源：《文化统计年鉴 2020》。

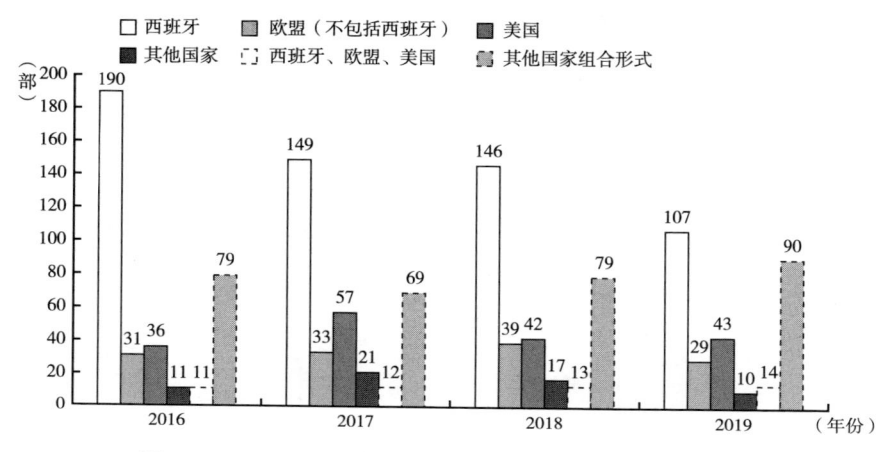

图 2-12 2016~2019 年西班牙电影发行公司发行的电影数量
（按发行电影的国别分类）

资料来源：《文化统计年鉴 2020》。

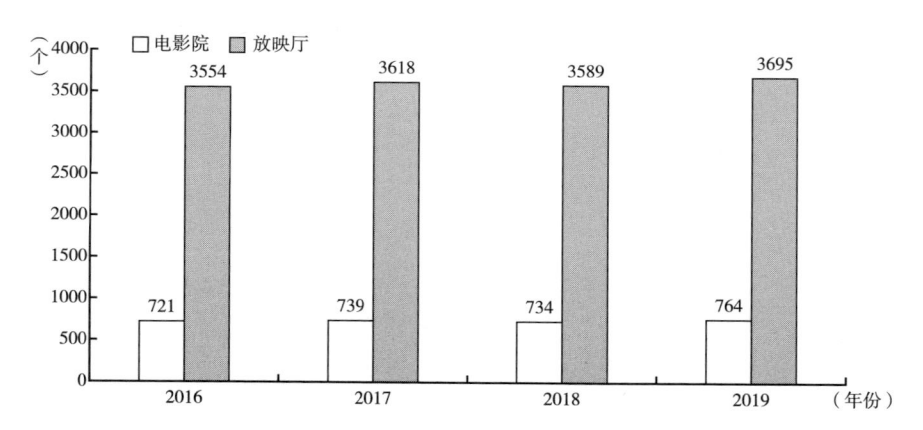

图 2-13 2016~2019 年西班牙电影院及放映厅数量

资料来源：《文化统计年鉴 2020》。

西班牙电影市场上外国电影数量较多，且 2016~2019 年放映数量、票房收入、观众数量基本上呈上升趋势。西班牙电影在本土市场上放映数量基本上呈上升趋势，但是，2019 年观众数量和票房收入与同期相比都呈下降趋势（见表 2-6）。

表 2-6 西班牙 2016~2019 年西班牙电影及外国电影上映情况

年份	电影首映数量（部）		放映电影数量（部）		观众数量（百万人）		票房收入（百万欧元）	
	西班牙电影	外国电影	西班牙电影	外国电影	西班牙电影	外国电影	西班牙电影	外国电影
2016	223	404	451	1227	18.8	83	111.2	490.9
2017	153	434	415	1391	17.4	82.5	103	488.3
2018	168	448	464	1483	17.7	81.2	103.1	482.7
2019	207	448	487	1348	15.9	89	92.2	522.6

第三章
文化市场政策

一 文化政策概述

虽然西班牙所有的政治机构,原则上都履行支持文化发展的承诺,但在不同党派捍卫其不同利益的政治博弈中,存在重大分歧。政治分歧在政治宣言与承诺中往往最为重要,在管理文化项目预算的决策中,政治分歧对项目发展的影响也极大。

政治辩论的重点是西班牙文化与体育部本身的作用。诚然,西班牙《宪法》与各自治区以法律为基础的法规都将管理文化发展的权力从中央政府转移到了各地区。然而,那些更加支持联邦国家的政党希望能削弱文化与体育部的权力,并将其所有项目预算转移到其他地方。

但是,西班牙主流大党根本不支持该方案。他们对促进文化发展作为一项基本政策的实际承诺与现实中的做法差异甚远。西班牙工人社会党一贯支持和保护独立的文化与体育部的存在,而右翼的人民党则希望将该部与另一个部门合并,建议合并为教育、文化和体育部,并且减少负责此部门的部长的政治权力。

除了对这一重要的组织问题有异议外,党派间还就如何处理国家在文化中的作用进行了深入的政治辩论。与法国等其他邻国的情况相反,这一问题没有被排除在政治争论之外。在此,重点讨论的内容是文化补贴的方法和税收优势在文化活动中的作用。右翼政党经常质疑某些领域的基本公共补贴流向,特别是对电影制作的补贴,并呼吁采取针对市场开放的措施,对某些特殊的"艺术"创作上的支持非常有限。很多时候,这需要强有力的税收导向给予支持。左翼政党一直在国家支持文化,包括支持电影方面起重要的作用。然而,如前所述,双方都没有真正把各自的承诺付诸行动。左翼政党从未能够将文化预算增长至他们承诺的数值,达到到其宣传的水平。右翼政党确实削减了财务预算,但没有触及更低的底线,另外右翼政党从未制定出合适的税收政策来资助文化事业的发展。

如上所述，可以看到在过去40年来统治西班牙的两个主要政党在文化管理方面采取了截然不同的政策，西班牙政治版图上还有另外两个政党，但由于他们从未执政，只能判断他们说了什么、承诺了什么，而不能判断其他任何事情。与此同时，文化在提升西班牙国际形象方面的作用和重要性可以作为西班牙主要政党的一个共识。

二 文化立法[①]

（一）税收

2014年11月27日关于公司税的第27/2014号法律（于2015年1月1日生效）为文化产业的发展制定了激励措施：

- 对小说、动画或纪录片的电影和视听系列生产的投资进行减税，其中前100万的减税率为20%，其余（超出100万）的减税率为18%；
- 针对外国故事片或视听作品制作中的拍摄进行减税，相当于在西班牙领土上产生的支出的20%，前提是这些支出至少为100万欧元；
- 针对现场表演艺术和音乐现场表演，减免20%；
- 针对动画和游戏等技术创新活动，减免12%。

2018年12月28日颁布的第26/2018号《皇家法令》批准了对艺术创作和电影拍摄采取紧急措施，修改了针对外国故事片或视听制作的要求。西班牙艺术创作和电影拍摄的相关税收举措详见表3-1。

---

① "Memoria de Políticas de Fomentos de las Industrias Culturales y Creativas 2019，" https://www.culturaydeporte.gob.es/dam/jcr:87dfd2bb-b456-40f3-b164-83f850596654/memoria-politicas-fomento-icc-2019.pdf.

表 3-1　有关西班牙艺术创作活动和电影制作的相关税收减免举措

减免对象	可享受税收减免的费用	减免百分比
针对在西班牙本土上进行制作的故事片、小说改编电影、动画片或纪录片进行投资的制片商	总生产成本，加上拷贝成本和广告推广成本（最高可达生产成本的 40%）；至少 50% 可享受税收减免的税基必须为在西班牙领土上产生的费用	● 100 万元：减免 20% ● 如果超过 100 万元：减免 18%，但减税额不能超过 300 万欧元
负责外国视听作品制作拍摄的制片商，且制片商应为在西班牙文化与体育部注册的电影公司	在西班牙领土上产生的下列费用： 创意人员的费用，前提是他们在西班牙或欧盟的某个成员国居住（在居住地有纳税义务，需要申报收入并纳税），每人不超过 10 万欧元 在技术行业和其他供应商上产生的费用	● 在西班牙领土上产生的支出至少为 100 万欧元的前提下减免 20% ● 减税限额：300 万欧元 ● 减免的金额，连同纳税人收到的其他援助，不得超过生产成本的 50%
现场表演艺术和音乐现场表演	用于创作、技术和宣传方面的费用（扣除收到的补贴）；且在其后四个财政年度内，至少有 50% 的利润用于符合减免条件的活动	● 减免 20% ● 减免限额：50 万欧元
技术创新活动，包括动画和游戏	旨在确定先进技术解决方案的技术诊断活动的费用；用在工业设计和产品开发过程中的费用；以专利、许可等形式获取先进技术的费用	● 减免 12% ● 减免限额：100 万欧元

资料来源："Memoria de Políticas de Fomentos de las Industrias Culturales y Creativas 2019，"https://www.culturaydeporte.gob.es/dam/jcr:87dfd2bb-b456-40f3-b164-83f850596654/memoria-politicas-fomento-icc-2019.pdf。

（二）关于艺术家的相关条例

2018 年 9 月 6 日，西班牙众议院一致通过了为起草《艺术家法规》而成立的小组委员会的提案，该提案包括与改善艺术家的工作条件有关的建议清单。在考虑到艺术家群体的多样性和特殊性的前提下，根据当前现实调整其监管制度，以达到有效开展艺术活动的目的。

2018 年 12 月 28 日，部长会议批准了第 26/2018 号《皇家法令》，《皇家法令》的主要目标是：基于对艺术活动的特殊性的考虑，使之具有适当的税收、劳工和社会保障制度，从而保证艺术活动的适当开展。因此，《皇家法令》的措施主要集中在三个方面：部门税收、就业保护和就业保障以及退休金和艺术创作所得收入之间的共存性。

在税收方面，《皇家法令》规定表演者、艺术家、导演、技术人员以及文化作品和表演的生产者和组织者的增值税（VAT）从21%降低到10%，自2019年1月1日起生效。这种方式可促进艺术创作、文化产业的增长以及文化传播。

当纳税人不是艺术家本身而是其继承人时，对来自知识产权的收入的个人所得税率（IRPF）从19%减少到15%。

《皇家法令》在"公众演出中的艺术家"这一新部分中增加了一项关于社会保障的条款。演出者在自愿没有参加公众演出期间能够纳入一般社会保障计划中，但他们须证明在前一年至少有20天的时间参加过公众演出，并且需要向一般社会保障基金提出申请。由于怀孕或正在哺乳期（直到孩子满9个月）不能继续公众表演的艺术家也同样得到保护。

2019年4月26日的第302号皇家法令通过并规定了退休金和艺术创作活动所得之间的共存性。

（三）关于文学艺术类活动保护的新法规

在西班牙，目前有效的法律框架规定向所有具有社会效益的文学艺术类活动提供税收优惠。这些税收优惠是2002年12月23日第49号法律关于非营利组织税收制度和对文学艺术类文化活动资助实行税收优惠的规定。

2016年1月1日，这些税收优惠的改革开始生效，大幅增加了对文学艺术类文化活动众筹资助的激励，对150欧元及以下的资助给予75%的税收减免，这使得150欧元资助的实际成本为37.5欧元，超过150欧元的部分享受30%的税收减免。如在前两个纳税期向同一实体做出相同金额或以上的捐赠，则可享受35%的税收优惠（一般为30%），扣除额以税基的10%为上限。对实体捐赠者来说，如在前两个纳税期向同一实体捐赠出相同或以上的金额，则可享受35%的税收优惠（一般为30%），扣除额以税基的10%为限，超过这一限额的数额可适用于最近连续十年的纳税期。

每年，《国家总预算法》（Presupuestos Generales del Estado, PGE）都规定了一系列优先赞助活动。这些活动的捐款可从一般税收优惠上额外加上5%的税收优惠。税收优惠改革对捐款的影响是积极的。2018年夏末税务局通过其统计网站公布了2016年个人所得税和公司税的数据，超出了改革的预期效果，有近 310 万个资助者缴纳了个人所得税。

这些税收优惠措施已被国家普拉多博物馆和提森 - 博内米萨博物馆付诸实践，进行了成功的众筹活动。除了前面提到的税收激励措施之外，民间社会还不断要求制定新的《资助文学艺术类活动法》，因此一项新的《资助文学艺术类活动法》正在推进。

2018 年 9 月 18 日，文化事务代表委员会批准成立一个由财政部、文化与体育部参与的技术委员会，研究一项新的《资助文学艺术类活动法》。该法案的目的是使这项新法律适应当今的文化发展现实情况，提供更多有关资助和税收激励的措施，同时应对文化产业发展所面临的资金挑战。

这项新法律的涵盖内容主要包括：

- 除了增加税收优惠的百分比或限额外，还可以为资助者提供象征性的补偿（占资助额的某一小部分），也将调整个人所得税最低标准以促进大范围资助；
- 承认资助人的作用以及承认文化资助在社会中的重要性，使公民积极参与文化资助；
- 提高提供资助服务的可能性，以及允许个人文化项目按时获得税收优惠。

最终目标是使其体系与其他在资助文化艺术类活动方面进行创新并已经成功的国家/地区一样实现标准化，对其进行更新和提高其灵活性，并重视参与资助文化艺术类活动的人的贡献。

三 相关行业文化举措及政策

（一）电影产业[①]

21 世纪初，西班牙电影扶持政策着重鼓励新的创作者进入电影行业，为

[①] 蔡盈洲、吕修齐：《西班牙电影产业与扶持政策解析》，《电影艺术》2020 年第 6 期，第 145~152 页。

电影的商业开发提供保障的同时注重提高小型制作公司的财务能力,也注意保护国内电影市场免受跨国公司的冲击。2003年颁布的《一般补贴法》和2006年颁布的实施细则确立了国家补贴的基本原则。2007年颁布的《电影法》奠定了西班牙现行电影扶持的基本法律框架,后续的政策法规在此基础上进行补充和完善。《电影法》确立了电影扶持的四个基本原则:

- 一是确立了在电影的制作发行和放映中有独立的部门提供支持;
- 二是采用一定机制来避免扶持政策造成视听市场的失衡;
- 三是在视听领域引入新的技术和形式;
- 四是鼓励创作。

根据这些原则,在2003年《一般补贴法》和2006年《补贴实施细则》的基础上,《电影法》对电影扶持进行了系统的规范。扶持政策最主要部分是对电影生产提供资助,包括电影长片和微电影。面向电影长片生产的资助是项目性资助,分为一般性资助和选择性资助:其中一般性项目针对工业化程度更高的商业电影,选择性资助则侧重对新人创作者的扶持。对于申请项目资助的影片审核由一系列涵盖多个方面的评分标准组成,评分表分为几个类别:影片项目的文化性质、补助受益者的偿付能力、申请项目在经济资金方面的可行性、影片项目对社会经济的影响、投资及其创新性,在后来修订的评分表中又添加了导演履历。申请项目最终能够获得资助的金额与其在评分表中的得分相对应。

2015年颁布的规定要求获得一般性项目资助资格的最低标准是35分(总分为100分),这一标准在2018年提高到了50分,但分值对应的补助金额比例也相应提高了(得分为75~100的,可获得所申请补助的100%;得分为65~74.99的,可获得所申请补助的85%;得分为50~64.99的,可获得所申请补助的75%)。2018年申请选择性项目资助的影片共计253部,61部获得批准。资助规模100万欧元以下的项目最多,为20个;300万欧元到500万欧元的项目次之,有12个。申请一般性资助项目的有53个,37个获批,其中36个资助规模均超过500万欧元。在资助方式上,2007年的《电影法》中的电影扶持政策除项目性资助外,还沿用了之前的摊销资助方式,将摊销资助的金额与电影票房收入挂钩,包括一般性摊销资助和补充性摊销资助。受全球性金融危机的影响,西班牙电影行业收到的摊销资助明显下滑。同时,将资助金额和票房挂钩也导致了票房造假现象的产生。

  从 2015 年开始,西班牙电影沿用多年的摊销资助政策逐步被取消。2015 年颁布的 6 号《皇家法令》规定:在由电影摄影和视听保护基金资助的不同资助项目中,针对故事片项目的一般资助将逐步取代故事片摊销资助。这一规定要求获得摊销资助资格的影片首映时间须在 2016 年 12 月 31 日前。而鉴于摊销资助在电影上映后分期发放的时限,作为过渡措施的摊销资助在 2018 年 12 月 31 日完全终止。2018 年申请摊销资助的有 365 个,其中 190 个属于一般性资助,177 个获批;另外 175 个属于补充资助申请,有 158 个获得批准。全年摊销资助总预算达到 6400 万欧元。摊销制度在终止之前也是政府资助投入最大的部分。取消摊销资助后,2019 年政府对电影行业的资助总预算下降为 4799.9 万欧元,比 2018 年下降了 57%,为 2014 年以来最低点。取消摊销资助对电影的最终影响目前还不明朗,需要进一步观察,但就电影长片生产的数量来说,2019 年和 2018 年相比减少了 1 部,变化不明显。经过持续的发展和变革,西班牙电影扶持政策更加完善,更加贴合其电影产业发展的需求,尤其是最近几年效果比较明显。

  进入 21 世纪之前,西班牙对于合拍电影的资助控制较严。1983 年颁布的《米罗法》开始实施预先资助,但要求获得资助影片的制作团队至少 80% 是西班牙人。1989 年颁发的法令将预先资助改为放映后的摊销资助,对受资助影片制作团队成员的国籍构成要求更高,团队成员中必须 90% 是西班牙人。尽管对电影制作团队的外籍成员比例进行了严格限制,但这些资助政策并没有将合拍电影的生产模式拒之门外。

  进入 21 世纪,电影制作团队成员的国籍构成进一步放宽,并对与拉丁美洲国家的合拍进行了重点扶持,给予其国有影片同等待遇。2001 年的法令规定受资助影片的创作团队 75% 以上应为西班牙人,技术团队的 75% 以上应为西班牙人或欧盟成员国公民,同时规定了与伊比利亚美洲共同体相关的合拍影片也同样会被视为西班牙影片。在这之后,鼓励合拍项目是西班牙扶持电影产业的重要举措,与西班牙联合制作影片能够获得西班牙电影与视听艺术协会为创作、制作和推广提供的财务资助。

2019年西班牙申请资助的项目有259个，43个项目获得资助资格，其中14部国际合拍影片项目获得了资助，占到全部选择性项目资助的33%。① 西班牙扶持海外合拍电影的另一个重要政策工具是税收。根据2018年《公司税法》第36条关于税收减免的规定，外国影片在西班牙制作产生的费用超过100万欧元时，在300万欧元的免税金额上限以内，对于其在西班牙境内的成本可以免除20%的税款。而对于取得西班牙国籍的合拍片，当电影在西班牙境内拍摄产生的费用超过影片总成本的50%时，影片成本前100万欧元的免税额度是25%，超出部分的免税额度为20%，免税总额以300万欧元为上限，同时影片所得各项援助总额不超过生产成本总额的50%。2020年对免税政策进行了修改，进一步提高了免税额度，合拍影片在西班牙境内成本前100万欧元的免税额度提高到了30%，超出部分为25%，同时免税总额的上限提高到1000万欧元。当然，西班牙境内不同地区的免税政策也有所不同。加那利群岛的政策规定，影片在当地的制作成本超过100万欧元时，免税额度可以达到50%。而在纳瓦拉大区，税款免除比例为35%。免税政策的使用，极大地推动了西班牙与其他国家的合作拍片。

佛朗哥独裁统治结束后，电影扶持政策主要是帮助新人进入导演和制片行业，在特别扶持女性电影人这方面没有太多关注。康普顿斯大学女性研究所一项研究显示，在2000~2006年，西班牙355名导演共执导了318部故事片，其中女性导演只有37名，占到10.4%。与20世纪末的最后十年相比，这七年间，女性新导演在新人导演中所占的比例反而下降了。与此同时，女性导演在获得新人资助的人数和金额上都远低于男性。大部分女性导演拍摄电影作品的数量是一部，并且基本是自己制作的小成本电影，很少有女性执导拍摄电影的数量超过三部。而根据康普顿斯大学女性研究所的研究，在故事片的生产中男性从业者不仅在总数上多于女性，在根据岗位类别划分的统计中，女性从业者仅在服装化妆这一类别中多于男性，其他类别的男性从业者的数量都远高女性，这一差距在导演和制片岗位尤其明显。在电影的生产行业中，所属岗位的地位越

---

① "Ayudas a la cinematografía 2019," ICAA, https://www.culturaydeporte.gob.es/dam/jcr:9c6ebec8-feeb-421a-a7af-8b123ab75ffc/memoria-2019.pdf.

高，女性的参与度就越低，而这种状况在联合制片的影片中有所缓解。这种现象也反映了西班牙电影行业两性平等状况有待改善。

在政策法规的持续扶持下，西班牙电影行业中女性从业人员的数量和比例都得到了提高，男女性别比例趋向于均衡。根据文化与体育部的数据，2009~2019年西班牙影视从业人员中，女性比例最低值在2010年，达到33.1%，其他都达到40%左右。最高值在2017年，女性和男性比例分别为45.9%和54.1%（见图3-1）。这说明西班牙在扶持女性电影从业人员方面取得了明显的成效。另外，根据西班牙文化与体育部的文化统计报告，2018制作的256部电影长片中，221部由男性执导，38部由女性执导，7部为男性和女性导演共同执导，23.7%的影片由女性担任导演。在2017~2019年，完全由女性担任导演的电影数量尽管增幅不大，但总体上在不断上升（见图3-2）。2019年，完全由女性执导的影片获得选择性项目资助的有17部，占获批项目的39.53%。女性编剧的影片获得选择性项目资助的有16部，占获批项目的37.21%。① 这些数据表明，西班牙电影扶持政策在电影行业中的关键岗位上也注意向女性电影从业人员倾斜。

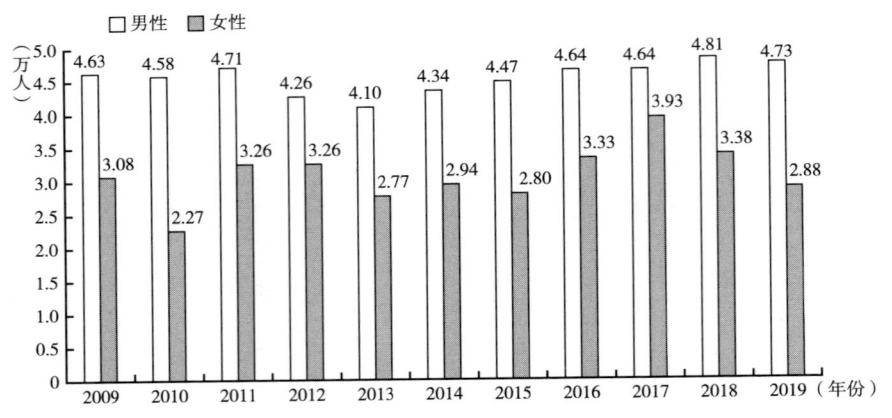

图3-1　2009~2019年西班牙影视行业从业人员人数（按性别划分）

资料来源："Empleo Cultural por sexo y Actividades Económicas，" Ministerio de Cultura y Deporte；"Anuario de Estadística Cultural 2011，" Ministerio de Cultura y Deporte。

---

① "Ayudas a la Cinematografía 2019，" ICAA，https://www.culturaydeporte.gob.es/dam/jcr:9c6ebec8-feeb-421a-a7af-8b123ab75ffc/memoria-2019.pdf.

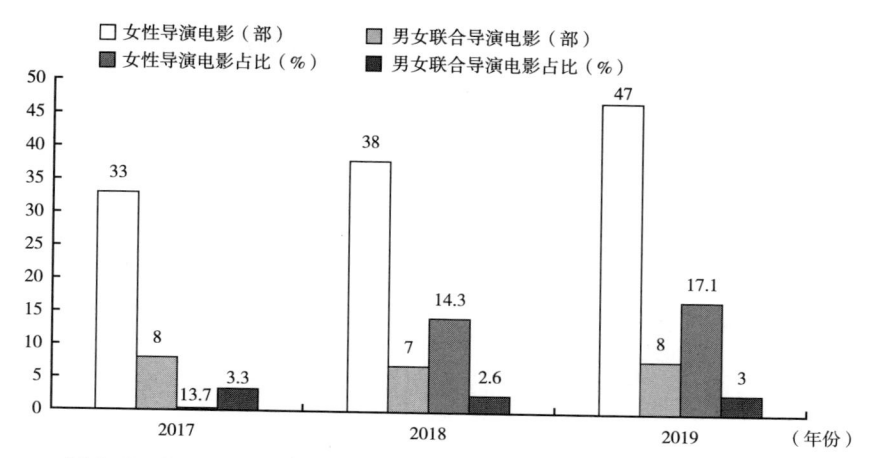

图 3-2　2017~2019 年西班牙电影长片数量及占比（按导演性别划分）

资料来源："Largometrajes de Producción Española por sexo del Director o Guionista," Ministerio de Cultura y Deporte。

尽管西班牙的电影政策法规不断加大对女性从业人员的扶持力度，也取得了明显成效。但就实践来看，也有很多地方仅仅差强人意。根据西班牙女性电影制作人和视听媒体协会的报告，2017 年由女性执导的电影平均成本只有男性执导电影平均成本的一半。而在 2011~2017 年，男性执导电影平均成本的最低值也高于女性执导电影平均成本的最高值。2017~2019 年，尽管女导演执导的影片比例在上升，但所占比例都小于 20%。这一切都表明，西班牙电影在扶持女性从业人员上还有较大的提升空间。

（二）表演艺术行业

《戏剧总体规划》（2011 年修改）中的措施建议有以下几方面。[①]

1. 提高其社会影响力和对其需求的发展

（1）通过媒体和社会网络提高戏剧的影响力：

- 通过建立表演艺术学院提高戏剧的影响力；
- 通过使用市场营销策略，增强在公共和私人媒体以及互联网和社交网络中的影响力。

---

① https://www.culturaydeporte.gob.es/dam/jcr:4b4f0e7c-16f8-46e2-88e8-5186c7dc9c8c/plan-generaldel-teatro-rev2011.pdf.

（2）通过对观众进行培训来促进需求的发展，在整个教育系统及文化节目制作和社区发展中提升戏剧的存在感：

- 制订明确的计划，在了解和欣赏戏剧活动方面培训观众（尤其是在儿童和年轻人中），促进与自治区的非专业学习之间的协调一致；
- 促进将戏剧作为一种艺术实践和一种文学类型纳入学校课程，利用伙伴关系模型（联合方式），并通过对学校戏剧实践的支持活动来支持教育中心将其纳入学校课程；
- 制定一项促进儿童和青少年演艺发展的计划，其中应包括对当前状况的研究，以促进对数字技术在舞台展览中的应用的研究，在戏剧艺术高等学院和其他培训中心培养专门针对儿童和青年戏剧的专业人员，以及增强戏剧的社会影响力；
- 通过自治区的戏剧文献中心促进对戏剧文献的访问，改善自身，增加预算拨款以增加获得第三方资金的机会，并建立CDT[①]、管理部门和专业协会之间的合作形式；
- 鼓励在官方活动的帮助下，创建和发展观众协会，以促进他们参与舞台表演的发展，并建立消费者俱乐部和实施其他促进戏剧实践在社会中渗透的办法；
- 在客户联系管理（CRM）平台的帮助下，增强对受众的认识和个性化管理，以实现受众的发展和整合，并促进负责舞台项目的人员之间良好的交流与实践。

2. 在适当的条件下促进培训和专业培训

（1）确保为创作者、技术人员和剧院管理人员提供高质量的专业培训：

- 通过提高戏剧艺术高等学院的资格价值并制定《高等艺术教学法》

---

① CDT：定期存单，可以在一定时期内（通常为30、60、90、180或360天）在金融机构中投资一定数量的资金。

来鼓励艺术培训；
- 开展对表演技术人员的规范化培训，将其包括在《高等艺术教学法》中，促进公司培训和高质量实践，并允许教育主管部门之间进行协作；
- 通过特定的培训以及举办促进专业人员之间交流的会议和论坛，促进对戏剧界管理方面的专业人员的持续培训。

（2）为戏剧领域的专业人员提供满意的工作安置：

- 通过协调不同的戏剧组织的劳动协议，促进制定预防职业风险的适当法规并建立社会保障的具体规定，在国家公共就业服务处设立就业援助基金，以鼓励创造更多的固定工作岗位；
- 向公共和私人单位的表演技术人员提供更新的法律和劳工框架，并促进单一劳工协议的存在；
- 通过提供具体的援助来鼓励专业和工会组织的活动开展及其进一步发展。

3. 提升人才创造和创新能力

（1）促进人才的招募和发展，促进有关戏剧提案的创新性研究，从而使戏剧提议能够获得永久性的创新：

- 鼓励人才的培养和发展，进行相关研究和实验；
- 通过具体支持和促进为舞台创作者创建中心提供设备的混合项目的发展，鼓励戏剧创作和创新；
- 通过对专业收入和管理公司有利的税收优惠措施来鼓励创作，此外，通过向新创作者提供奖学金，以及进一步推广、展示和出版当代在世作家和获奖作品来鼓励创作。

（2）促进对戏剧遗产的保护和接触：

- 提升西班牙戏剧作家和西班牙戏剧文本在公共剧院和国外市场中的

存在感和加强对其宣传，促进与外国组织之间的交流；
- 促进西班牙创作者在表演艺术方面资料的收集和开展传播戏剧遗产的活动。

4. 建立可持续的优质生产和展览系统

（1）促进具有竞争能力的、高质量的公共和私人优质生产结构的发展：

- 通过对日益增加的中小型剧院公司进行帮助，创建临时企业联盟并和其他形式企业合作以及建立公共管理部门和企业间的合作平台，优先巩固稳定的项目和公司，促进戏剧表演的可持续发展；
- 改革法律框架，使其适应私人戏剧计划的发展，并使法律法规在中小型规模制作中更加灵活；
- 通过更新补贴程序和法规，使其更加灵活，以促进公共和私人资源的融合，并增加对剧院公司的援助措施，不仅措施数量上要增加，还要使措施多样化；
- 通过减少利润的再投资促进戏剧产业的发展，特别是为产业项目提供资金，促进对产业活动的一般援助，以及研究建立表演艺术产业研究所的可能性，来鼓励戏剧业的发展；
- 在公共戏剧的制作中，优先考虑具有较高艺术水平的演出，保证必要的资源并便于在自治区间进行巡回演出，提高联合制作人的知名度；
- 通过特定的促进措施鼓励边缘剧院（边缘剧院是主要剧院机构之外的剧院，通常在风格或主题上都是小规模的和非传统的）的创建；
- 通过实施公共援助、奖励和特定奖学金，鼓励实验和创作，提高街头戏剧在社会和艺术上的知名度以及提升在国家和国际范围内的戏剧演出中的存在感；
- 尤其从地方政府层面促进非专业戏剧，加强培训，为非专业公司提供展出空间，并促进各个级别的交流和会谈；
- 通过采取鼓励生产、消费、出口和研发方面的措施，对剧院部门实体及其专业人士和艺术家实施税收优惠政策，特别是对所有戏剧活动都实行增值税减免；
- 修改有关赞助的法律，将戏剧与其他艺术活动一视同仁，并促进将私人资金用于该领域；
- 为所有参加公共援助的实体制定行为准则。

（2）建立适当的发行和展出系统，巩固戏剧在国内市场的存在并促进在国外市场的存在：

- 通过戏剧演出的季节性调整来促进稳定的戏剧演出，利用闲置空间，通过公私合作安排表演空间；
- 制定公共剧院的文化和社会目标，增强其作为文化中心的功能，并促进剧院市场与公共服务之间的联系；
- 通过基于效率和产生协同作用的标准建立新的管理模型，从而提高公共剧院的自主权，提高透明度和公民参与度，在公司参与的情况下协调合同计划，扩大戏剧的受众群体，以便利中小型规模演出进入西班牙市场，平衡自治区之间当前的歧视，建立协调机制和共同的节目演出标准，同时促进中小型模式的私人剧院的发展；
- 鼓励和激励博览会和艺术节的开展，增加分配给他们的公共资源，并通过关联平台促进它们之间的协调发展，以增强它们对稳定的演出发展产生的影响；
- 推动专家在建设新的戏剧设施方面给出建议，以确保其出色的功能，鼓励在公共剧院场所角落创建小型空间，并为历史悠久的剧院提供足够的维护资源；
- 通过部际委员会间的协调，与塞万提斯学院（Instituto de Cervantes）进行合作，拟定一项有关西班牙戏剧海外存在的计划，确定在西班牙文本翻译成欧盟语言方面的帮助，并增加自治区在国家表演项目登上国际舞台方面的帮助。

5. 建立可用的计划和评估工具

- 建立以表演艺术常设观测站为形式的戏剧领域活动指标体系，以了解戏剧业的状况和演变趋势，并以此作为规划和评估战略以及做出特定决定的基础。

6. 促进公共行政部门在制定戏剧政策方面的公私合作和协调

- 加强公共和私人计划之间的协作，以管理被视为公共服务的稳定演出，以及促进价值链中不同主体之间的协作；
- 通过在地方政权基础法中引入戏剧推广标准，促进戏剧表演的地域分散性发展，促进在拥有少数人口的地区开展表演；
- 促进主管部门之间在能力发展方面的协调，促进不同法规的融合。

（三）出版行业[①]

为倡导民众阅读，西班牙政府采取了一系列促进政策。

首先，设立各种文学奖项激励作家。西班牙历史上存在过"国家文学比赛（1923~1973 年）""何塞·安东尼奥·普里莫·德里维拉国家文学奖（1940~1975 年）""弗朗西斯科·佛朗哥国家文学奖（1940~1975 年）"等奖项。如今，文化与体育部也设立了不少奖项，如"西班牙国家文学奖""国家文学奖（散文/诗歌/青少年及幼儿读物/剧本/叙述）""国家最佳翻译奖""最佳艺术装订奖"等。其次，组织各种文学沙龙。文化与体育部会邀请作家和学生互动，分享作品及其创作历程，如在阿斯图里亚斯和萨拉曼卡大学一起组织文学聚会等活动。

此外，组织开展众多书展活动。例如，每年十月在马德里或巴塞罗那举行的由马德里展会机构（IFEMA）组织、西班牙出版商协会推广的主题为

[①] 甄云霞、张楚月：《西班牙出版业：采取多项举措探索复苏之路》，《国际出版周报》2020 年 7 月 6 日，第 5 版。

"自由，国际"的书展，以及巴伦西亚书展、科尔多瓦书展、塞维利亚书展等；文化与体育部还在竞争性的基础上，为原文以西班牙语或各自治区官方语言出版的文学或科学作品的外文翻译提供补助。

西班牙政府于 1991 年创办了以推广西班牙语和西班牙及美洲西班牙语地区文化为目的的塞万提斯学院。学院发起了一项"教室里的塞万提斯"计划，其目标人群为西班牙教师，旨在通过阅读塞万提斯的文字来探究语言与文化之间的相互作用。

除了上述措施，培养公民的阅读习惯也是西班牙文化部（1977~1996 年及 2004~2011 年存在，2011 年被并为西班牙教育、文化和体育部）加大投入的领域之一。2001 年 5 月，政府推出了西班牙历史上第一版"阅读推广计划"，并在几年后进行了更新。这一计划自西班牙议会广泛同意通过了关于阅读、图书和图书馆的 2007 年第 10 号法律（6 月 22 日发布）后取得了决定性的动力，此条法令规定政府有义务定期批准"阅读推广计划"。

最新的"阅读推广计划（2017~2020 年）"的口号是"阅读扩展你的生活"，其主要目标是通过促进、扩散和巩固阅读习惯等手段增加阅读需求。西班牙政府认为阅读是一项权利，政府应该保证每个人都能平等获得这项权利。"阅读推广计划"是针对所有西班牙公民的一项计划。

四 疫情之下文化政策

疫情冲击下文化产业发展面临巨大挑战。为解决文化企业和文化从业人员实际困难，西班牙政府先后三次出台文化援助方案，不断扩大文化失业人员帮扶范围。

疫情初期为期 3 个月的居家隔离政策和疫情的影响带来的行业限制，使多数文化产业只能依赖线上方式经营，对文化企业和文化从业者造成了严重损失。西文化个体从业者不仅无法享受政府推行的失业保障措施，还要在税务改革后缴纳更多税款。为维护自身权益，文化从业者曾多次进行抗议，2020 年 9 月更是爆发了 28 个城市数千名演职人员集体示威游行活动。

因此，西班牙政府先是于 2020 年 3 月 18 日颁布第 8/2020 号《皇家法令》，即临时停薪留职条例（ERTE），保障了文化企业和合同制文化失业员工的合法权益。然而，占六成的西文化从业人员为无合同的个体从业者，人数已达46万人，根本无法享受该政策福利。为此，西内阁会议于5月又出台了文化行业"一揽子"援助方案，破例为无长期、稳定合同的文化从业者提供最多不超过180天的失业金。但是，疫情来势汹汹，该失业金对文化从业者来说杯水车薪，同时仍有部分文化从业人员无法申领失业补贴。

2020年5月5日，西班牙政府发布了针对该国文化产业的"一揽子"救济政策，政府拿出7500万欧元为文化产业纾困，其中3800万欧元针对表演艺术和音乐产业。下一步，政府还有可能向互惠担保公司（SGR，Las Sociedades de Garantía Recíproca）支出2000万欧元，用以向文化企业授信，据估计将撬动超过7.8亿欧元的资金。

这一系列政策特别关注了文化产业当中的细分行业：视听影音、表演艺术、出版发行、音乐以及高雅艺术等。政策特别强调，要维护好表演艺术和音乐产业的架构，资助表演和相关文化活动。政策还将给予全国的独立书店500万欧元的资助，给予当代艺术推广100万欧元。另外，针对那些之前没有享受到政府针对新冠肺炎疫情所颁布的政策优惠的文化产业工作者，还能享受到新的失业补贴。

政府之所以如此重视表演和音乐行业，一方面疫情确实使得以全世界人民喜爱的弗拉门戈、卡门为主的表演行业损失惨重，另一方面，音乐行业近年来在西班牙异军突起。2019年上半年，音乐行业收入增长了27%，是千禧年以来的最快增速。西班牙音乐消费在2019年上半年达到了1.407亿欧元，是文化消费当中的一个新增长点。①

2020年11月3日，西部长会议再次通过文化与体育部提议的进一步扩大文化从业者失业补贴覆盖范围的《皇家法令》，专门为文化行业相关技术和辅助人员、舞台艺术从业人员和斗牛表演从业人员提供额外失业补贴。此次额外失业补贴主要涉及三个方面：为文化相关专业技术和辅助人员提供1400万欧元补贴资金；摄影师、摄像师、灯光师、音响师、舞台机械师等可申请

---

① http://www.ccitimes.com/index.php?m=content&c=index&a=show&catid=70&id=19781.

不超过 35 天的失业补贴；为 3.5 万名舞台艺术从业人员提供 9450 万欧元失业补贴，演员、导演等可申请不超过 180 天的失业补贴。此外，自 2020 年 11 月 3 日起至 2021 年 1 月底，为斗牛表演从业人员按月支付 775.83 欧元的失业津贴。对于此次扩大文化从业者补贴范围，首相桑切斯强调，文化产业是西班牙支柱产业，对政府来说十分重要。为降低疫情冲击，将通过出台的新措施扩大文化行业帮扶范围，也将继续保护文化产业，因为我们比以往任何时候都更加需要文化的力量。[1]

---

[1] https://www.sohu.com/a/431019412_162758.

第四章
文化市场资金

众所周知，文化和创意产业在获得融资方面存在着薄弱环节。此外，西班牙绝大多数人赞同欧洲一体化的观点，即他们认同：文化是身份的一种表达，文化不能像任何其他服务一样受制于市场的影响。如果文化需要通过在市场条件下获得资本的手段来融资，那么，只有通过那些有确定回报率的投资来进行。这一情况将导致大量的文化举措、项目、活动或基础设施失去基本的运营资金。文化多样性的保护需要并应该得到公众的支持，在大多数人看来，这体现在公共投资、赠款或税收优惠等方面。

然而，即使这一立场在全球范围内保持不变，但随着公共预算变得更加有限，文化筹资的方式也发生了明显的演变，一部分是出于现实情况，一部分是出于根本需要。文化管理者对公共资金的依赖有时被视为理所当然的自然权利，而这种依赖往往会导致某些不负责任的支出方式，甚至会产生脱离现实、与公众的需求利益相关的决定。此外，文化管理者逐渐认识到，获得私人资金并不一定是坏事，也不一定会影响文化质量或艺术独立性。

因此，以商业赞助形式的私人资本，已经逐步进入完全超越商业和私营部门边界的领域。这不仅发生在纯粹的私人文化实体中，同时也影响了公共机构的决策，这些机构需要寻找新的筹资方式，而不是依靠它们所依赖的当局直接提供的公共资金。在某些情况下，这甚至需要涉及法律改革。例如，马德里普拉多博物馆对其法律和监管框架进行了全面重组，使其成为一个实体，在保持100%公共部门控制的同时，改变其资金来源，这一变化使其能够获得更多赞助资金、签订商业合同等。

同时，从私人资本的角度来看，文化的社会价值已经得到了理解。因此，越来越多的公司认为，资助文化活动不仅可以让他们自身获得宣传，提高品牌和产品的知名度，还可以培养他们的企业社会责任感。

一 公共资金

（一）直接从国家、自治区或地方预算中获得拨款

这是一些重要的文化实体的资金来源，如上文提到的普拉多博物馆，或国家图书馆、马德里皇家歌剧院。与此同时，对于非常重要和有着坚实基础的西班牙电影来说，情况也有可能是这样的。例如，圣塞瓦斯蒂安国际电影节从若干个支持它的公共实体中直接获得资助。

2018年，国家公共预算在社会议题上的支出是1.96782亿欧元，几乎占总支出的56%。2018年国家预算总额根据其支出政策划拨给了26个部门，分为4个主要支出领域：基础公共服务、自然经济、一般性支出、社会支出（见图4-1）。文化与体育部门被纳入社会支出领域，占其总支出的55.6%。

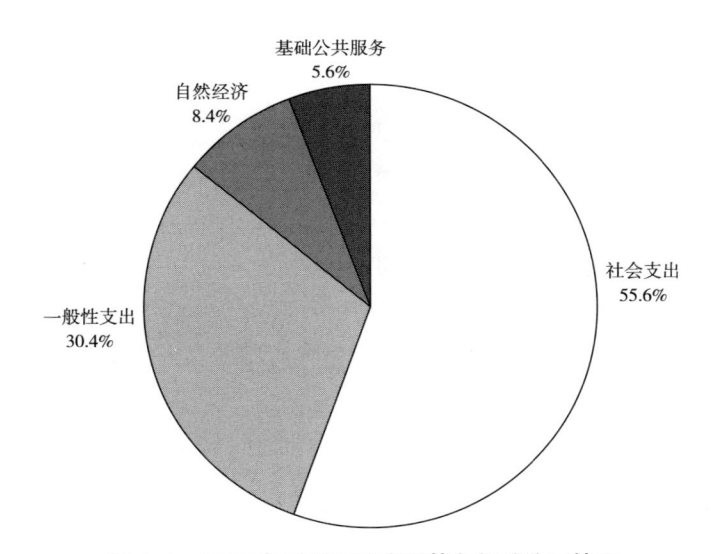

图4-1 2018年西班牙国家预算各领域分配情况

注：本节图表来源若无特殊说明，均根据公开资料由笔者整理。

文化与体育部门负责文化政策的规划、执行和监管，但其管理也是通过各种附属代理机构来进行的，如普拉多博物馆、索菲娅王后国家艺术中心博

物馆、西班牙国家图书馆、电影摄影和音像研究所、国家表演艺术和音乐研究所以及教育和文化基础设施及设备管理机构。

关于其支出数额，2018年文化与体育部的预算为8.56亿欧元，比上一年增加了6.7%。非财政预算信贷达8.43亿欧元，财政预算信贷仍为1300万欧元。就该部门涉及的具体领域而言，2018年，经过多年拮据的开支后，艺术支出比2017年增加了4.4%。然而，一般来说，它只占到一般开支的0.2%。

至于博物馆部门，预算增加了4%，从1.51亿欧元增加到1.57亿欧元。普拉多博物馆的资金从约4600万欧元增加到4970万欧元，增幅为8%。索菲娅王后国家艺术中心博物馆获得3950万欧元，比2017年增长1.6%。管理提森—博内米萨博物馆的提森-博内米萨基金会获得了560万欧元资助，比2017年增加了6.7%。此外，与历史遗产的管理、保护、恢复有关的项目支出也有所增加，为1.55亿欧元，增长率为9.4%。

另外，文化与体育部门在其他方面也有支出，如在戏剧、电影方面的支出。这两个方面的支出有所增加，但数量占有率有限。对表演艺术行业的资助在2017年受到了5.4%的削减，在2018年从5060万欧元升至5100万欧元。其中大部分资助划拨给国家艺术创作中心（国家管弦乐团和合唱团艺术中心、萨苏埃拉剧院、国家音乐厅等）。同时，还包括支持皇家歌剧院或利塞欧大剧院等主要文化机构的筹资活动。

具体而言，在戏剧方面的预算为5100万欧元，其目标是通过支持国家古典剧院公司、国家戏剧中心等艺术中心传播戏剧和马戏表演节目，从而保护西班牙国家的文化遗产，促进国际交流发展。

在电影方面，其预算从8480万欧元增加到8560万欧元（增加了0.9%），其中约7100万欧元基金用于保障电影顺利制作。通过该基金向电影业提供公共补贴。尽管这笔资金不得不支付因2016年上映电影而产生的债务，但根据早前的电影法案，其允许在电影上映两年后交付相关资金。

档案和图书馆部门获得了更多的资助：其分别增加了4.6%和7.7%。其中很大一部分用于资助国家公共图书馆（科尔多瓦图书馆、马拉加图书馆、国家图书馆等)的基础设施建设和省级历史档案馆(韦尔瓦档案馆、奥伦塞档案馆等)的馆展建设。

(二)通过赠款筹资

这是将公共资金用于文化及其活动的最常见的方法。中央政府(文化与体育部,也包括与数字艺术相关的部门,如动画部门)、自治区政府、地方政府等各自都有不同的项目,每年一次或两次为文化利益相关者打开以赠款形式申请公共融资的大门。常见的形式适用于大部分项目,其他形式将由获得授权机构批准和公布的《征求建议书》来具体定义。在某些领域(通常在电影和视听行业),这种公共资金基于所谓的常规标准,即满足某些规定条款的电影公司及其生产的电影都可以获得预定数额的资金。但是,在大多数其他情况下,赠款由赠款机构任命的专家委员会决定,根据相关透明政策和预先确定的标准来评估项目。

1. 文化与体育部提供的补助金和奖金

在西班牙文化产业的发展中,融资至关重要。在文化产业领域,基金与补贴是根据文化与体育部与各机构之间的协议确定的,通过数据来说明相关项目。同时,有许多预算额较低的捐款,这些捐款来自提供赠款的地方政府,直接由省议会和市议会管理。预算较低的补助金有很多类型,具体取决于提供补助金的自治区,并直接由省议会和镇议会管理。

一般而言,文化与体育部提供的各种类型的补助金及奖金包括以下几方面。

文化与体育部门提供了两项主要补助金,首先是自由职业者和公司通过数字和技术项目来实现与文化和创意产业的现代化、创新和创造有关的项目的赠款(在这种情况下,该部门提供70%的资金,其余30%必须由通过自筹形式或其他公共或私营机构的资金来资助)。另外,那些旨在采取行动促进文化发展的补助金,基金会和文化协会作为其主要受益者发挥着重要作用。这些捐款的目的是促进文化发展以及西班牙文化与体育部门现代化和专业化活动的开展。这些赠款由文化与体育部财政预算支付,最高可支配金额为190万欧元。

除此之外,奖学金也发挥了重要作用。包括与对文化与体育部门专业人员进行培训有关的奖学金，该奖学金由促进文化与发展总司颁发。最重要的三种如下。

- 培训和专业奖学金：价值 54 万欧元，分为若干类，如文化产品的保护和修复、博物馆学、图书馆和文献、档案、文化管理、造型艺术和摄影。
- Culturex 奖学金：外国文化机构青年西班牙人文化管理实践培训奖学金，金额达 19 万欧元，并涉及多个文化机构，包括：博扎·博克斯艺术宫（布鲁塞尔）、蓬皮杜艺术中心（巴黎）、法兰克福展览中心（法兰克福）、塞拉维夫基金会（波尔图）、海怡文学艺术节（伦敦）。
- Fullbright 奖学金：共分为 5 个领域，用于支持赴美国进行艺术研究，金额为 19.1 万欧元，分配给多个学科，如视听艺术、表演艺术、造型和视觉艺术、音乐和音乐学、博物馆学和遗产保护。

2. 电影领域的资助：电影和视听艺术机构（ICAA）

西班牙电影的大部分公共资金是以赠款为基础的，其管理直接与国家预算挂钩；与其他国家不同，在其他国家电影支助由来源不同的相关基金会共同资助。

西班牙文化产业资助计划，近期会有新的修订政策，但一些最主要维持因素不变，如资金支持。

- 电影制作，根据积分制度，应用某种形式的自动资助标准来实现或由选委员会逐案筛选；
- 通过支持独立电影发行商，在国内更好地发行西班牙、欧洲和拉丁美洲的电影，支持资金在 2017 年达到 250 万欧元，提供这些资金是为了降低在欧洲和美洲电影节目上的拷贝、字幕制作和广告费用，这些电影与美国电影相比，将面对更大的营销困难，通过在各地不同剧院上映实现电影商业化来扩大发行版图，从而有助于民众接触到不同种类的电影；
- 通过支持西班牙电影更好地参与国际电影节和海外电影活动；

- 对短片制作的支持；
- 对视听领域的其他资助（重要性较低）。

表4-1是由ICAA提供的2017年电影资助情况，具体内容包括：初始预算、执行预算及其百分比、受益公司的数量以及电影或项目受益者的数量（取决于资助类型）。

表4-1　2017年电影资助情况

单位：欧元，个

援助形式	初始预算	执行预算	执行预算占比	受益公司数量	受益电影/项目数量
专题电影制作（可选性）	530万	530万	100%	52	39
专题电影制作（一般性）	3000万	3000万	100%	49	25
故事片摊销	3237.5万	3113.871424万	96%	83	41
西班牙、社区及伊比利亚－美洲电影的发行	250万	250万	100%	17	67
国际电影节参与和推广援助	50万	42.44307万	85%	43	47
短电影相关项目制作援助	60万	57.97608万	97%	47	49
短电影制作援助	40万	40万	100%	46	46
总计	7167.5万	7034.290574万	98%	337	314

（三）税收支持

与其他欧洲国家相比，西班牙政策在对文化税收的支持上，不是优惠力度最大的。尽管如此，这种公共支持的方式，在过去几年有了积极的发展，为那些把资金投入文化项目的私营部门提供了税收优惠。视听部门的作用尤其重要，对于投资电影的公司（直接投资，或通过称为"经济利益集团"的特定形式的投资），其公司的税收中也包含特定的税收优惠。

在音乐界，相关音乐节也受益于这种税收政策。近年来，音乐节在西班牙经历了真正的"繁荣"时期，这使得私人投资者对这类节目的兴趣有了极大的提升。面对这种情况，财政部推出了一个基于税收优惠的联合方案，以推广现场文化表演。该策略允许经济活动与音乐没有直接关系的私人投资者与国际经济合作社（AIE，Agrupaciones de Interés Económico）合作，并可以成为生产代理，这样他们可以推动和参与这些活动，同时受益于税收减免，减免生产成本的20%，每个财政年度最多可节省50万欧元。尽管该策略于2016年在立法上得到实施，目的是促进文化产业发展，但对AIE要求的怀疑阻止了一些投资者。税务总局（DGT，Dibutcción General Tributos）因此必须发布一系列规范，以证实其对投资音乐的企业家的认可及策略的可行性。在国家税收增加的时候，特别是对银行和大公司而言，节省税收得到了极大的支持与认可。法律还鼓励在"表演和音乐艺术的现场表演"的制作和展览中进行投资。此外，直接得益于这一制度的受益者是众多音乐节、晚会和艺术家活动，或马戏团、舞蹈和音乐表演等机构。

在此需要特别提到加那利群岛，该群岛本身是一个自治区，其拥有非常吸引人的税收制度，以此来补偿它与西班牙其他地方的地理差距。该群岛目前是在欧洲电影和视听产品方面拥有最佳税收减免优惠政策的地区之一。加那利群岛特别财政制度受西班牙和欧洲国家法规认可，使其拥有高度自主的税收制度。

对外国制作的故事片、小说改编电影、动画、纪录片等视听作品进行投资的制片商（在加那利群岛拥有税收居所），其投资费用可享受40%的税收减免，最高减税额为540万欧元（在西班牙其他地区一般最高减税额为300万欧元）。

可以享受税收减免优惠的费用须为在加那利群岛进行的与生产制作直接相关的费用，一方面包括文化创意人员的费用，他们需在西班牙或欧洲经济区成员国内拥有税收居所，每名工作人员费用不得超过10万欧元；另一方面费用包括技术费用以及供应商的费用，这些供应商应为居住在加那利群岛并在电影和视听艺机构（ICAA）注册的、曾经拍摄过外国视听作品的个人或提供制作服务的公司。

享受税收减免优惠政策的外国视听作品必须满足的要求是：

- 在加那利群岛产生的费用至少为 100 万欧元，其中在加那利群岛进行后期制作服务的最低费用为 20 万欧元。
- 生产总成本至少为 200 万欧元，在加那利群岛产生的费用不能超过生产总成本的 80%。
- 每年因此税收优惠措施享受的税收优惠金额不得超过 5000 万欧元。
- 税收减免额和针对同一部作品生产的其他补助的总金额不得超过生产成本的 50%。

对西班牙制作或和西班牙联合制作的长片电影、小说改编电影、动画和纪录片系列视听作品［需在加那利群岛生产并获得加那利群岛视听作品证书（el Certificado de Obra Canaria）］的投资，投资费用（费用包括生产所需货物和服务的费用、宣传费用、拷贝费用）享受的税收减免优惠为：对前 100 万欧元减免 45% 的税，其余部分为 40%，减税额最高为 540 万欧元，作品拍摄的周期在加那利群岛上的时间应至少为两周，动画作品除外；预算超过 500 万欧元的作品总拍摄时间的 10% 应在加那利群岛上；预算小于 500 万欧元的作品总拍摄时间的 15% 应在加那利群岛。

文化与体育部门积极促进对其他文化领域投资的私人投资（包括对文化遗产的支持），称为"Mecenazgo"。人们普遍认为，只有当企业获得税收政策支持时，其运营举措才会更积极。这一方案已被列入政党的议程，可以预见，国家今后将采取更多措施来进一步促进实施这些计划。

二 私人融资

文化和创意产业的私人资金主要有以下来源。

（一）私营实体的捐款（基金会）

一些大型基金会提供捐款，为其自身项目以外的活动提供资金。"凯克萨"基金会（Fundación "la Caixa"）实行的凯克萨社会工程计划（Obra Social de La Caixa）是一个很好的案例，它是私人融资部门最重要的代理机构之一。

该实体的业务将围绕 6 个行动领域开展工作。

- 社会行动：此类别包括针对面临被排斥风险的群体的援助计划；包括针对健康、志愿服务和国际合作的项目；通过对社会项目进行投资，大幅度提高民众社会活动融入度及参与度。
- 文化和遗产：涵盖相关文化活动，如展览、表演、音乐会等，以及与艺术推广和保护有关的活动。
- 体育与休闲：促进体育及休闲相关活动的发展。
- 支持地方发展和创造就业机会：支持商业部门相关的项目以及艺术融合，资助创业的相关项目。
- 教育和研究：这一领域包括教育和培训活动，以及与奖学金研究、研究材料、会议、研讨会等有关的活动。
- 环境：包括与自然空间保护、气候研究和气候变化等相关的项目、会议、课程、研讨会和展览等活动。

首先要了解该基金会规模，西班牙储蓄银行对社会议题的投资要高于该国从欧盟获得的凝聚资金。

研究显示，基金会的投资一直在发生变化。在经济危机发生前，2004~2008 年西班牙储蓄银行在社会事宜上的投资，经历了持续增长，其利润持续增长。在凯克萨社会工程计划中，用于社会目的的资金投入从 11.6 亿欧元增加到 20.6 亿欧元，仅在四年内就增加了 78%。然而，自 2008 年经济危机开始后，其资金投入呈下降趋势，2014 年下降到约 7 亿欧元（这是迄今为止凯克萨社会工程计划的最低投资额），这意味着 2008~2014 年的投资降低了 66%。2010 年和 2011 年，由于与社会工程计划相关的信贷实体获得的利润较低，以及该部门的合并和重组进程，投资出现了更明显的下降。但是从 2012 年开始，它再次稳定下来。自 2014 年经历最低投资额后，其投资略有增加，2017 年达到约 8 亿欧元（见图 4-2）。

图 4-2 社会工作投资变化

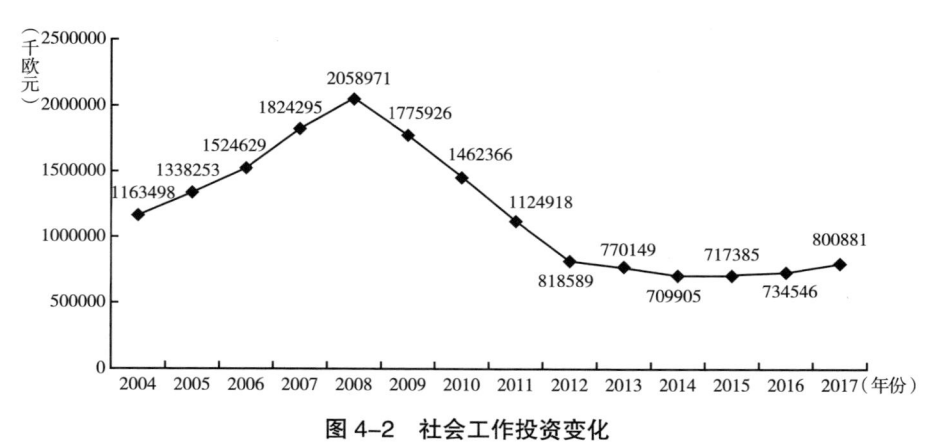

资料来源：见西班牙储蓄银行联合会（CECA）报告中"社会活动部分"（Obra Social）。

其后，按部门分析 2013~2017 年凯克萨社会工程计划投资的进展情况可得出，在这几年中，社会行动领域是其投资的主要领域，2016 年达到最高水平（见图 4-3）。

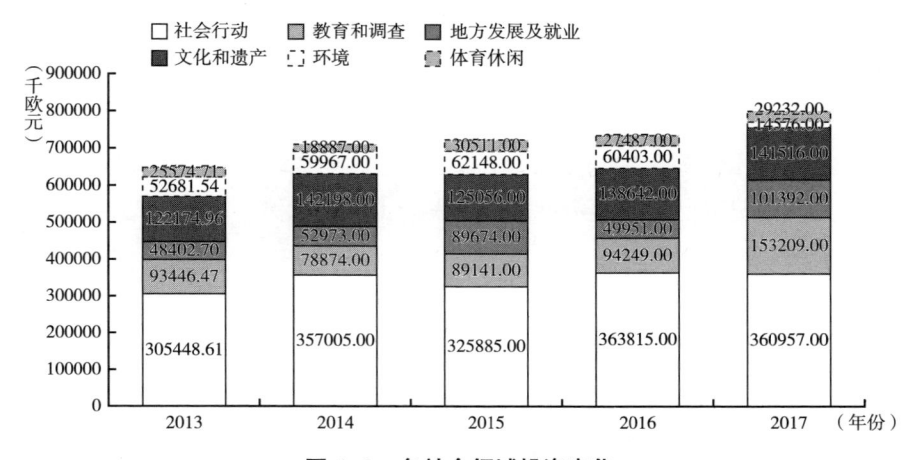

图 4-3 各社会领域投资变化

关于文化部分，截至 2016 年，其在文化与遗产领域的投资额位居第二。文化和遗产投资有着与社会行动投资相似的趋势，与 2013 年相比，2014 年有所增加（从 1.22 亿欧元增加到 1.42 亿欧元）。2015 年，投资额有所下降，达到 1.25 亿欧元，2017 年达到 1.41 亿欧元。尽管这是初步预算，但年底投入的经济资金为 1.27 亿欧元。因此，对文化遗产的投资虽然得到较好的维持，然而，其相对参与度却有所下降。

（二）"Mecenazgo"或私人捐赠

由于缺乏税收优惠形式的公共支持，此类型的捐赠并不积极。尽管如此，文化与体育部门正在大力采取措施来促进这些活动。在文化与体育部的资助范围内，这些资金由公共和私人组织来捐助，以资助和促进艺术或文化项目实施。虽然目前在西班牙，该情况对文化领域并没有太大影响。但是，文化与体育部下属的文化产业与赞助部门（Subdirección General de Industrias Culturales y Mecenazgo）来负责促进、协调和监管这些私人捐赠。"Mecenazgo"的捐赠类型包括现金、物品或其他类型捐赠，也包括收取会员费，其宗旨是在促进博物馆实体捐赠的同时，发掘优质文化产物，以此来传播西班牙历史艺术遗产。

（三）私人投资

这在多个文化领域（如出版、视听产品、发行或展览、戏剧制作、音乐、艺术贸易和美术馆等）中很常见，在这些领域中，私人资本占预算的最大部分。在其他情况下，它则很少见或闻所未闻（如博物馆、节庆活动、图书馆、管弦乐队和音乐厅等）。

（四）辅助性活动的资本

辅助性活动可能是某些文化项目或基础设施的重要收入来源，包括出售租赁场地、博物馆内的餐馆和商店、销售和获得权利许可等的营利活动。同时，来自门票和票房的收入也包括在内。

（五）赞助

如上所述，大型公司对文化基础设施建设以及节庆活动、管弦乐队表演、博物馆活动提供重要的活动赞助资金。

值得一提的是在文化节日方面，西班牙节日舞台在过去的十年里有了很大变化。仅在 2016 年，西班牙就举办了 869 个节庆活动。赞助在这类文化活动发展中起到了至关重要的作用。根据一项关于品牌商赞助节庆活动的研究表明，有大量资金投入音乐领域。这项研究表明，有 60% 的节庆活动接受了 70% 的赞助。关于赞助行业，有 50% 为啤酒、汽水、汽车和银行业。共有 15 个品牌商，占所有音乐赞助商的 33%，特别是可口可乐、野格利口酒和达姆等知名品牌。此外，在节庆活动中将价值与赞助品牌联系起来是市场分析的重要内容。赞助节庆活动的品牌与现代性和青年的价值观有关。此外，这些活动的大多数公众（76.5%）认为，品牌的存在首先从改善服务方面使他们受益。

（六）企业社会责任

一些公司对某些文化活动、项目或基础设施具有长期承诺，其与广告和赞助相比，对活动、项目或基础设施的支持形式更隐性，表现形式也不太明显。

（七）群众募资和众筹形式

对于一些中小型的文化项目来说，通过大量小额捐赠获得资金是一个有吸引力的选择。就全球范围而言，其影响力仍然非常有限，其他国家在这方面更加成熟。因此，财政部更是提出了具体的援助方案，来促进这一融资渠道的发展。

三　信贷和贷款

属于文化产业及文化行业的公司获得融资的难度较大。当然，私有资本或生产商能够以提供私人担保的形式来融资。但是文化项目本身（包括电影、戏剧作品等）并不是一个能被银行接受的常规的抵押品，中央政府响应文化与体育部的要求，为此方面的需求提供了可参考的解决方案。首先，设立官方贷款机构（Instituto de Crédito Oficial），这是一家在特殊情况下向公司提供信贷的公共银行，该机构一直利用虽在未来但已明确的自动赠款作为抵押品，为电影制片人获得信贷提供便利。其次，创建了一家如今称为 CREA·SGR 的金融公司，其主要目的是提供反担保，以促进创意产业在普通银行系统中获得信贷，欧盟也借鉴此经验制订了与之相关平行的银行担保计划。西班牙教育、文化和体育部于 2015 年创建了 CREA·SGR，这是唯一专门从事文化和创意产业，尤其是视听领域的互惠担保协会。CREA·SGR 包括两个实体：

- 由视听制作者服务公司（EGEDA）和 ICAA 创建的视听担保公司（Audiovisual Aval SGR），其目的是便利音像制作人获得融资；
- 金融和担保公司（1997 年创立），是由休闲和博彩领域的企业家通过 COFAR（西班牙娱乐游戏企业家联合会）和 CIRSA（西班牙最大的赌场运营商）发起的倡议。

文化产业及赞助局（Subdirección General de Industrias Culturales y Mecenazgo）与 CREA·SGR 合作，每年提供一笔款项为认可度较高的项目提供支持。同时，自治区新项目活动的启动通过此合作，已获得价值 26 万欧元的贷款。CREA·SGR 机构发放的贷款，绝大部分流向影视与视听部门。2012~2014 年，按担保部门和担保用途分配的具体担保额分别如表 4-2、表 4-3 所示。

表 4-2　2012~2014 年担保额（按担保部门分配）

部门	2012 年	2013 年	2014 年
制作	22800155 €	23274104 €	26926526 €
技术产业	993558 €	590533 €	800242 €
分配	1465500 €	586800 €	1657300 €
展示	0 €	0 €	0 €
其他	572723 €	2455359 €	3541751 €
总计	25831936 €	26906796 €	32925819 €

表 4-3 2012~2014 年担保额（按担保用途分配）

用途	2012 年	2013 年	2014 年
故事片	12370725 €	12098571 €	17216524 €
电视剧集及节目	10131730 €	10731283 €	10939595 €
设备	933588 €	590533 €	800242 €
纪录片	271600 €	444250 €	427707 €
其他	2124323 €	3042159 €	3541751 €
总计	25831936 €	26906796 €	32925819 €

第五章
文化市场人才培养

文化人才的定义与培养一直饱受争议。当然，也可以说，有时一些文化才能在艺术家的一生中可能会被忽略或被忽视。但是，为了推动西班牙的文化创意产业，西班牙采取了至少两种措施以实现文化人才培养的个性化，分别是建立艺术学校和设立奖项。

一　艺术学校

根据《文化统计年鉴2020》报告，在2019~2020学年，西班牙共有392324名学生参加了特别制度（Régimen Especial）（注：特别制度下包含艺术教学、语言教学和体育教学）下的艺术教学。在大多数情况下，82.2%的人学习音乐，9%的人学习舞蹈，8%的人学习造型艺术和设计，0.7%的人学习戏剧，0.1%的人攻读艺术教育研究生。在一般制度教学方面，在2018~2019学年，有34680名学生修读高中的艺术课程，29532名学生就读文化领域的职业教育，分别占这类学生总数的5.5%和3.9%。此外，与文化职业有关的大学教育占这类教育的12.3%。

艺术学校是甄选发掘人才的良好平台。首先，通过专业的甄选机制培养出系统全面接受培训的专业人员，但是，艺术教学本身不能代替甄选机制。其次，普通学校教育系统中的艺术教育（音乐和美术）与专业学校项目还是有差距的。在此我们不集中讨论这些问题，值得提到的是在普通学校教育系统中，涉及音乐教育的课程质量不高，相关视听教育的课程几乎不存在。

以下将着重介绍三个主要领域的艺术教育概况：音乐、美术和视听艺术。

（一）音乐

在传统学校课程体系中，公立与私立学校的音乐教学质量差别较大。
公立音乐学校主要存在于较大的城市，其主要资金来自市政支持，而私立学校的资金更多来自学生中收入较高的家庭。

西班牙的专业音乐教育在音乐学院展开。目前在西班牙有 23 所音乐学院，其授权文凭等同于大学头衔：

- 巴达霍斯高等音乐学院（Conservatorio Superior de Música de Badajoz）；
- 巴利阿里群岛高等音乐学院（Conservatorio Superior de Música de las Islas Baleares）；
- 利塞奥高等音乐学院（巴塞罗那）（Conservatorio Superior de Música del Liceo，Barcelona）；
- 巴塞罗那市高等音乐学院（巴塞罗那）（Conservatorio Superior Municipal de Música，Barcelona）；
- 加泰罗尼亚高等音乐学院（Escuela Superior de Música de Cataluña）；
- 卡斯特利翁高等音乐学院（卡斯特利翁）（Conservatorio Superior de Música，Castellón）；
- 科尔多瓦高等音乐学院（利尔多瓦）（Conservatorio Superior de Música，Córdoba）；
- 拉科鲁尼亚高等音乐学院（拉科鲁尼亚）（Conservatorio Superior de Música，La Coruña）；
- 维多利亚尤金尼亚高等音乐学院（格拉纳达）（Conservatorio Superior de Música Victoria Eugenia，Granada）；
- 马德里皇家音乐高等音乐学院（马德里）（Real Conservatorio Superior de Música，Madrid）；
- 马拉加高等音乐学院（马拉加）（Conservatorio Superior de Música，Málaga）；
- 奥斯卡·埃斯帕拉高等音乐学院（阿里坎特）（Conservatorio Superior de Música Óscar Esplá，Alicante）；
- 穆尔西亚高等音乐学院（穆尔西亚）（Conservatorio Superior de Música，Murcia）；
- 潘普洛纳高等音乐学院（纳瓦拉）（Conservatorio Superior de Música，

Pamplona Navarra）；

- 爱德华多·马丁内斯·托纳高等音乐学院（奥维耶多）（Conservatorio Superior de Música Eduardo Martínez Torner，Oviedo）；
- 大加那利岛拉斯帕尔马斯高等音乐学院（Conservatorio Superior de Música Las Palmas de Gran Canaria）；
- 萨拉曼卡高等音乐学院（萨拉曼卡）（Conservatorio Superior de Música，Salamanca）；
- 巴斯克地区高等音乐学校（Centro Superior de Música del País Vasco Musikene）；
- 曼努埃尔·卡斯蒂略音乐学院（塞维利亚）（Conservatorio Superior de Música Manuel Castillo，Sevilla）；
- 圣克鲁斯－德特内里费高等音乐学院（Conservatorio Superior de Música，Santa Cruz de Tenerife）；
- 巴伦西亚高等音乐学院（巴伦西亚）（Conservatorio Superior de Música，Valencia）；
- 维戈高等音乐学院（Conservatorio Superior de Música，Vigo）；
- 阿拉贡音乐高等音乐学院（萨拉戈萨）（Conservatorio Superior de Música de Aragón，Zaragoza）。

能被如上列表中的任一学校录取的条件是：学生必须在小学期间学习音乐课程，并通过专业考试后继续接受初中音乐课程学习。统计数据显示，只有极小比例的小学和初中学生能够进入高等音乐学院，再接受更高级别的专业学习。

值得一提的是，西班牙的综合音乐培训中心结合了两者的优势。该教育机构使用普通教育系统提供全面的音乐教育。这些中心受到大众的高度关注，并在音乐人才的教育方面展现出了高质量的成果。这些中心按其地点、学校性质以及它们提供的教育类型，详细划分如下。

- 提供初等和专业教育的公共中心：

帕德雷·安东尼奥·索勒（Padre Antonio Soler）（位于埃斯科里亚尔，马德里）；

奥里奥尔·马尔托雷尔（Orioll Martorell）（位于巴塞罗那）。
- 仅提供基础教育的公共中心：

巴斯克斯·德梅拉（Vázquez de Mella）（位于潘普洛纳）。
- 仅提供专业教育的公共中心：

莫雷诺·托罗巴（Moreno Torroba）（位于马德里）。
- 提供基础和专业教育的私立中心：

埃斯科拉尼亚德蒙特塞拉特（Escolanía de Montserrat）（位于巴塞罗那的蒙特塞拉特），提供基础教育以及两年的专业教育。
- 仅提供基础教育的私立中心：

阿里纳斯-阿尔贝尼斯（Arenas-Albéniz）（位于拉斯帕尔马斯）。
- 提供基础教育的协调中心：

音乐联盟（La Unión Musical）（位于巴伦西亚的利里亚）。

（二）美术

高中生也有机会通过选择以美术学习为导向的方式接受艺术教育（高中美术教育，目前未完全涵盖至全国所有高中）。在那之后，如果想要接受高等美术教育需要被国内的一所美术大学录取。这些学校经常因为与艺术及其教育需求的真正演变脱节而被合并，从而融入全球化。以下是西班牙高等美术学校的名单（在少数情况下也会提供其他艺术教育）。

- 马德里康普顿斯大学（Universidad Complutense de Madrid）：美术学学位
- 马拉加大学（Universidad de Málaga）：美术学学位
- 塞维利亚大学（Universidad de Sevilla）：美术学学位
- 格拉纳达大学（Universidad de Granada）：美术学学位
- 巴塞罗那大学（Universitat de Barcelona）：美术学学位
- 巴斯克大学（Universidad del País Vasco）：艺术学学位

- 维戈大学（Universidade de Vigo）：美术学学位
- 拉古纳大学（Universidad de La Laguna）：美术学学位
- 穆尔西亚大学（Universidad de Murcia）：美术学学位
- 卡斯蒂利亚－拉曼查大学（Universidad de Castilla - La Mancha）：美术学学位
- 马萨纳学校（Escola Massana）：艺术与设计学学位
- 萨拉戈萨大学（Universidad de Zaragoza）：美术学学位
- 米格尔·埃尔南德斯大学（Universidad Miguel Hernández de Elche）：美术学学位
- 萨拉曼卡大学（Universidad de Salamanca）：美术学学位
- 大学艺术与表演艺术学院（Escuela Universitaria de Artes y Espectáculos TAI）：美术学学位
- 卡米洛·何塞·塞拉大学（Universidad Camilo José Cela）：数字艺术学学位
- 弗朗西斯科·德·维多利亚大学（Universidad Francisco de Vitoria）：美术学学位
- 弗朗西斯科·德·维多利亚大学：美术＋游戏的创作和叙事双学位
- 弗朗西斯科·德·维多利亚大学：美术＋设计双学位
- 内布里哈大学（Nebrija Universidad）：美术学学位
- 内布里哈大学：美术＋数字设计和多媒体双学位
- 内布里哈大学：建筑基础＋美术双学位
- 内布里哈大学：工业设计和产品开发＋美术双学位
- 胡安卡洛斯国王大学（Universidad Rey Juan Carlos）：时装设计与管理＋美术双学位
- 胡安卡洛斯国王大学：美术＋整体设计和图像管理双学位
- 胡安卡洛斯国王大学：美术学学位
- 胡安卡洛斯国王大学：美术＋旅游双学位
- 胡安卡洛斯国王大学：美术学学位
- 胡安卡洛斯国王大学：视觉艺术与舞蹈学位

- 巴伦西亚理工大学（Universitat Politècnica de València）：美术学学位
- 加泰罗尼亚开放大学（Universitat Oberta de Catalunya）：艺术学学位

（三）视听艺术

西班牙的小学、初中、高中都没有展开过视听艺术教育（某些学校可能开展相关活动），这说明高等教育在这方面的投入是有限的。事实上，在若干新闻和传播或信息科学相关课程里，包括了视听教育课程，但这主要面向广播和电视领域，其最终发展方向是广告行业，其所设置课程里很少或根本不包含创意成分。

自20世纪90年代初以来，西班牙的不同地区都开办了一些学校，其目的是培训着重于电影业和电影创作不同方面的电影专业人士。以下是西班牙的主要电影教育中心。

- 加泰罗尼亚电影和视听高等学院（ESCAC，Escola Superior de Cinema i Audiovisuals de Catalunya）（巴塞罗那）：该公共机构是第一个提供电影学院学位的教育中心。目前它仍然是西班牙最受尊敬的电影学校之一，它培养出胡安·安东尼奥·巴亚纳（J.A. Bayona）、马尔·考尔（Mar Coll）、哈维尔·鲁伊斯·卡尔德拉（Javier Ruiz Caldera）、罗斯尔·阿吉拉尔、凯克·麦罗（Roser Aguilar Kike Maíllo）等专业人才。同时，该学校也展开电影制作课程。
- 马德里电影摄影和视听学院（ECAM, Escuela de Cinematografía y del Audiovisual de la Comunidad de Madrid）（马德里）：在公众范围内拥有较高口碑；同时在教育领域也承担着人才甄选的使命。
- 大学艺术与表演艺术学院（马德里）(Escuela Universitaria de Artes y Espectáculos TAI)：这是西班牙首家独立视听艺术中心，不仅包括电影制作，还包括风景艺术、摄影和其他类型的课程。
- 马德里数字电视电影学院（马德里）（Septima Ars）
- 努辛巴伦西亚电影学院（巴伦西亚）（Nucine）

- 视听学院（毕尔巴鄂）(Imval, Comunicación Audiovisual)
- 电影学院（萨拉戈萨）(Un perro andaluz)
- 电影学院（巴塞罗那）(Bande à Part)
- 加里西亚电影摄影艺术高级学院（维戈）(EGACI, Escuela Superior de Artes Cinematográficas de Galicia)
- 高等电影学院（拉拉古纳）(ESCINE, Escuela Superior de Cine)
- 巴斯克电影学院（毕尔巴鄂）(ECPV, Escuela de Cine del País Vasco)

二　文化奖项

如前所述，每年授予不同艺术学科奖项是甄选西班牙文化领域人才的方法之一，同时相关奖项的设立有着各自的设定标准。西班牙重点奖项如下。

（一）国家奖项

国家奖由文化与体育部部长任命的评审团每年颁发一次，每个学科一个奖项，每年仅授予一名艺术家，每个艺术类别分别有一个。除了在圣塞瓦斯蒂安国际电影节期间的特别活动中获得的国家电影奖以外，实际上其他奖项通过集体颁奖仪式统一颁发。西班牙最重要的塞万提斯奖，是西班牙语世界中最重要的文学奖项之一，每年只授予一位在该领域有杰出成就的作家。

（二）图书奖

西班牙目前设立了数百个图书与文学领域的奖项，某些是地方性奖项，其他的是国家或国际层面的奖项，最相关的（书籍类）奖项如下。

- 评论家奖（Premio de la Crítica）：这是西班牙文学协会每年颁发给前一年在西班牙出版最佳叙事和诗歌作品的人的文学奖。其参选作品涵盖西班牙所有四种官方语言：西班牙语、加泰罗尼亚语、加利西亚语和巴斯克语。奖品以荣誉形式颁发，并没有实质性物质奖励。
- 散文奖（Premio Espasa de Ensayo）：是一个在1984年设置的文学类

奖，由 Espasa Calpe 出版社颁发给致力于通过散文来促进新闻作品传播的人士。

- 纳达尔小说奖（Premio Nadal de Novela）：是由 Grupo Planeta 公司[①]旗下的出版社 Ediciones Destino 每年颁发的西班牙文学奖。自 1944 年以来，该奖项每年颁发一次，在其颁奖仪式上也颁发针对加泰罗尼亚文学的何西·布拉奖。获奖者的奖金为 18000 欧元，自 2010 年以来一直没有第二名。该奖项也是西班牙最古老、最负盛名的文学奖之一。

- 星球小说奖（Premio Planeta de Novela）：西班牙文学奖，自 1952 年以来由西班牙公司 Grupo Planeta 授予以西班牙语（或卡斯蒂利亚语）撰写原创小说的人士。这是 Planeta 颁发的约 16 项文学奖之一。从财务上讲，这是仅次于诺贝尔文学奖的全球第二大最有价值的文学奖，获奖者将获得 60.1 万欧元的奖金。就单本书奖而言，它是全球最有价值的。

- 阿尔法瓜拉小说奖（Premio Alfaguara de Novela）：是西班牙语文学奖。该奖项是西班牙语中最负盛名的奖项之一。它的奖金高达 133306 欧元，是世界上最富有的文学奖之一。它是由企鹅兰登书屋（Penguin Random House）旗下的阿尔法瓜拉（Alfaguara）出版社赞助的。

- Anagrama 奖（Premio Anagrama）：是每年由西班牙 Anagrama 出版社颁发的未发表的西班牙文论文的奖项。在奖项的基础上，明确提到作品的主题没有任何限制，但同时也指出，评审团更喜欢具有批判性想象力的作品，而不是具有学术或严格科学意义的作品。

- 西班牙镜子奖（Premio Espejo de España）：它是由 Planeta 授予的西班牙文学奖，于 1975 年至 1995 年间颁发。其目标之一是从人类学、历史、政治、社会学和经济学的角度为描述半岛的现实做出贡献。

- 圣乔迪小说奖（Premio Sant Jordi de Novela）：是加泰罗尼亚文学中最负盛名的奖项之一，由文化遗产保护委员会（Òmnium Cultural）

---

① 是西班牙的一家著名跨国家族集团，提供文化、学习、信息和视听娱乐服务。

和加泰罗尼亚百科全书基金会（Enciclopèdia Catalana）颁发。

- 塞万提斯文学奖：全称为米格尔·德·塞万提斯奖（Premio Miguel de Cervantes），1976年由西班牙文化部设立，授予西班牙语国家的作家。每年年底宣布得主，翌年4月23日（塞万提斯逝世纪念日，也是世界读书日）即塞万提斯忌辰在塞万提斯故乡阿尔卡拉·德埃纳雷斯举行授奖仪式，由西班牙国王颁奖。奖金金额初为500万比塞塔，现为1000万比塞塔，约合12万美元。塞万提斯文学奖被广泛认为是西班牙语文学中最重要的奖项，有"西语诺贝尔"文学奖之称。西班牙语语言文字学术院联合会（Asociación de Academias de la Lengua Española，全球各西语系国家的语言文字学术院组成的联合会）推荐候选人，西班牙文化部主办，每年12月评出年度得主，次年4月23日在塞万提斯故乡的阿卡拉大学（Universidad de Alcalá）由西班牙国王亲自颁授，可说是西班牙语世界的最高文学荣誉。2019年11月14日，2019年塞万提斯文学奖于西班牙公布，获得这一西语文学最高大奖的是加泰罗尼亚诗人胡安·玛格丽塔（Joan Margarit）。

（三）电影奖

在电影领域，电影节奖项也至关重要。以下内容将着重介绍每年授予的重要电影奖项以及在该领域涉及的主要西班牙电影节。

- 费洛兹电影奖（Premios Feroz）：2013年11月由西班牙电影信息协会设立的西班牙电影奖，被认为与西班牙金球奖相当，是西班牙电影艺术与科学学院颁发的戈雅奖(Premios Goya)的一部分。第一届于2014年1月举行，2017年第四届增加了表彰电视领域卓越成就的类别。
- 高迪奖（Premios Gaudí）：发源于加泰罗尼亚的高迪奖，是加泰罗尼亚地区每年颁布的主要电影奖项之一。该奖项由加泰罗尼亚电影学院于 2009 年设立，是巴塞罗那电影奖的延续和扩展。

- 戈雅奖（Premios Goya）：戈雅奖是西班牙主要的国家年度电影奖。西班牙电影艺术与科学学院在 1986 年成立后，随后于 1987 年设立了该奖项。其第一次颁奖仪式于 1987 年 3 月 16 日在马德里洛佩·德·维加剧院举行。目前，该仪式于每年的 1 月底或 2 月初在费利佩王子会议中心（Centro de Congresos Príncipe Felipe）举行，对前一年制作的电影节目颁奖。这些奖项的设置目前有 28 个类别，奖项不包括荣誉奖，同时每个奖项最多有 4 位提名候选人。

- 梅斯特雷·马特奥奖（Premios Mestre Mateo）：是加利西亚电影奖项里最重要的部分，该奖项于 2002 年在加利西亚视听学院设立，同时该奖项也是查诺·皮涅罗奖的延续和扩展。

- 演员联盟奖（Premios Unión de Actores）：由演员联盟创立的奖项，旨在表彰电视、电影和戏剧领域的作品并给予肯定。其主委会成员中包括戈雅奖获奖者。这些奖项从 1991 年开始颁发。

- 福奎奖（Premios Forqué）：福奎奖于 1996 年由视听制作人权利管理公司（Entidad de Gestión de Derechos de los Productores Audiovisiuales）创立，以纪念西班牙电影摄影界的一位重要人物：何塞·玛丽亚·福奎（José María Forqué）。该奖项的目标之一是促进西班牙视听部门的发展，同时每年对具有最高技术和艺术价值的电影给予奖励。

- 圣塞瓦斯蒂安国际电影节（Festival Internacional de Cine de San Sebastián）：是每年在西班牙的圣塞瓦斯蒂安举办的一个电影节，由国际电影制片人协会设立于 1953 年，是获得国际电影制片人协会承认的国际 A 类电影节，每年 9 月举行，最高奖是"金贝壳奖"。其是欧洲最负盛名和历史最悠久的大型电影节之一，也是世界第四大 A 类国际电影节，奖杯造型来自市区的"贝壳湾"。电影节的主要目的是支持世界各国电影界人士进行合作，以促进世界电影艺术和电影事业的发展，分别授予最佳故事片、纪录片、短片、导演、男女演员、摄影奖等。此外，还有评委会特别奖、国际评论奖、圣塞瓦斯蒂安城市奖等。

（四）戏剧奖

戏剧奖在西班牙艰难前行多年，在全国范围内的知名度不同，几乎没有组织可以颁发这些奖项。不过，必须提及 Max 表演艺术奖（Premios Max）。这个奖项每年颁发给西班牙表演艺术界的专业人士，以表彰他们的工作以及在该领域最杰出的高质量作品。其组织委员会由西班牙作家和编辑协会（SGAE，Sociedad General de Autores y Editores）指定，该奖项于 1998 年设立。Max 表演艺术奖被认为是西班牙最重要的表演艺术奖，可与英国的劳伦斯·奥利维尔奖、美国的托尼奖或法国的莫里哀戏剧奖相提并论。同等级别的电影奖是戈雅奖。

（五）音乐大奖

西班牙有几场国际音乐比赛，在古典音乐领域享有极大声誉。但是，如果主要关注针对西班牙音乐行业相关人才的奖项，那么应该提到的是 Los 40 音乐奖[①]。由音乐广播电台 Los 40 授予。它是为了庆祝全球站点（Worldwide Station）成立四十周年而在 2006 年设立的，主要奖项由广播电台听众（包括西班牙和八个拉丁美洲国家）投票决定。这些奖项是在一个音乐盛会上颁发的，其资金用于慈善事业。

---

① 这个奖项以前被称为 40 Principales 奖（Premios 40 Principales）。

第六章
文化产业国际化

在世界上有超过 4.95 亿人讲西班牙语。事实上，全球说西班牙语最多的国家不是西班牙，而是美国。参考这些数字可能会给人一种印象，即西班牙语相关的创意文化产品和服务在国外有巨大的潜在市场。然而，对于大多数创造性和艺术学科来说，面临的情况更加复杂。

2019 年，西班牙文化相关产品出口额为 20.544 亿欧元，进口额为 21.65 亿欧元。西班牙书籍和印刷产品出口额为 5.937 亿欧元，贸易顺差为 1.362 亿欧元。欧盟是西班牙最大的出口目的地，占文化总出口额的 68.8%，其次是拉丁美洲，占 13%。在进口方面，欧盟再次领先，为 42.7%，而中国是西班牙在欧盟外的第一大进口国，占西班牙总进口额的 41.3%，但是在出口方面，中国仅占西班牙总出口额的 1.7%。[①]

西班牙文化产品的进出口额在 2010~2019 年基本上总体呈上升趋势（见图 6-1）。2015~2019 年，视听类文化产品无论是在进口额还是出口额方面增长幅度较大。在进口额方面，从 2015 年的约 5 亿欧元增长到 2017 年的 12.477 亿欧元，达到这段时间的最高值，虽然到 2019 年下降到 9.287 亿欧元；在出口额方面，从 2015 年的约 1 亿欧元增长到 2019 年的约 8 亿欧元。在 2019 年，除了图书及印刷类产品呈现顺差外，造型艺术、演艺及视听类产品呈现贸易逆差（见图 6-2、图 6-3）。

一 音乐行业国际化

音乐，无疑是西班牙最重要的文化出口领域。在西班牙受欢迎的音乐家和乐队目前在其他国家的西班牙语市场中占有重要地位，其受众主要集中在拉丁美洲。参考资料显示，西班牙裔音乐家自 2000 年以来已经获得了 57 项拉丁格莱美奖。

---

① "Anuario de Estadísticas Culturales 2020," http://www.culturaydeporte.gob.es/dam/jcr:52801035-cc20-496c-8f36-72d09ec6d533/anuario-de-estadisticas-culturales-2020.pdf.

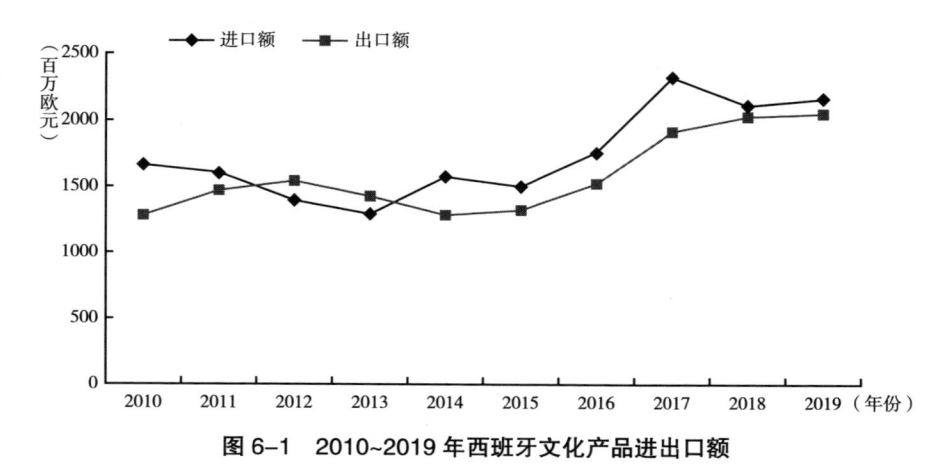

图 6-1　2010~2019 年西班牙文化产品进出口额

资料来源：《文化统计年鉴 2020》。

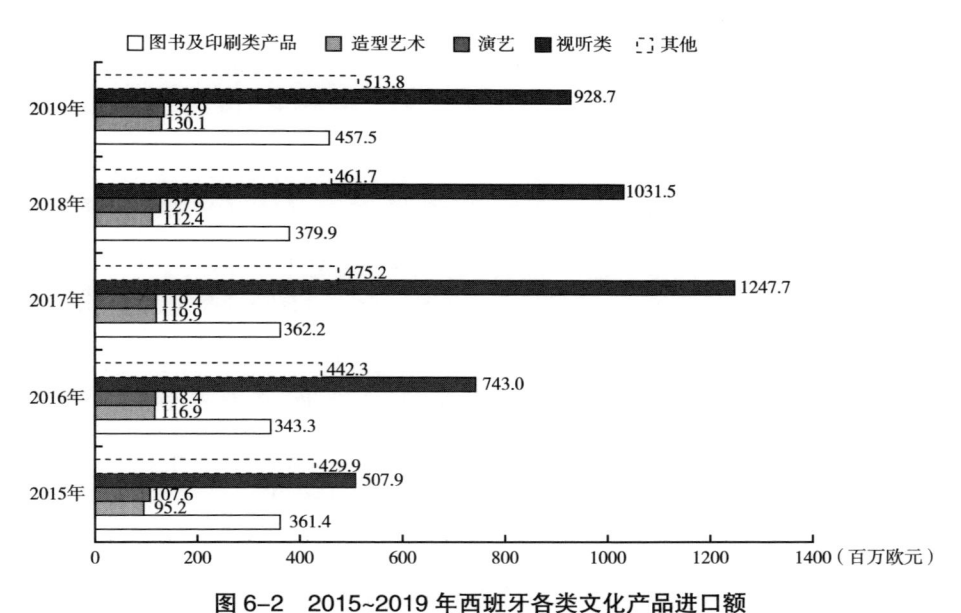

图 6-2　2015~2019 年西班牙各类文化产品进口额

资料来源：《文化统计年鉴 2020》。

西班牙作家和编辑协会（SGAE）管理着来自 12 万多名音乐艺术家的超过 8000 万件注册作品的版权，其中包括多位在大西洋两岸知名的艺术家。

图例：图书及印刷类产品　造型艺术　演艺　视听类　其他

2019年：41.4；128.3；515.7；775.2；593.7
2018年：36.0；123.7；532.9；725.7；613.1
2017年：35.3；109.6；505.8；670.1；598.2
2016年：31.7；115.7；297.5；483.2；597.0
2015年：32.2；111.8；118.4；493.6；568.0

图6-3　2015~2019年西班牙各类文化产品出口额

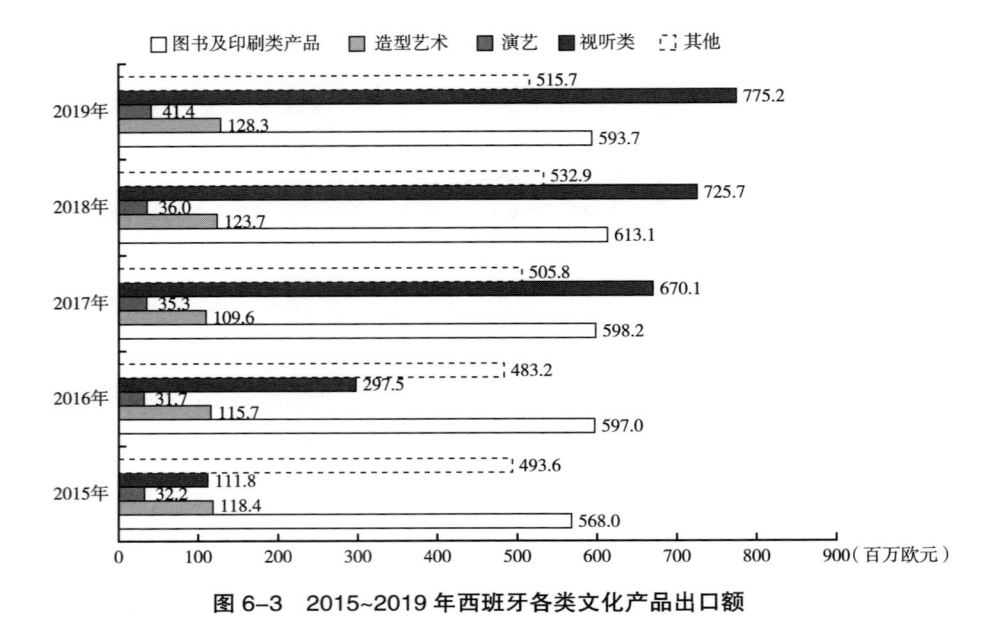

资料来源：《文化统计年鉴2020》。

在此必须指出，西班牙语音乐是双向传播形式，包括了拉丁美洲裔艺术家在西班牙音乐市场取得的巨大成功。这里还必须提到西班牙音乐制作协会（PROMUSICAE，Productores de Música de España）在国际上的重要影响。该协会拥有117个成员，其年度活动占西班牙唱片音乐产业在国内国际活动中的90%以上。西班牙音乐制作协会的会员包括西班牙语所有主要品牌商以及独立音乐公司，其类型涵盖所有音乐风格。西班牙音乐制作协会在西班牙语音乐文化在国内和国际市场的传播中起着至关重要的作用。

二　图书出版行业国际化

书籍和出版市场相关的情况如下：西班牙大型出版社经常会出版一些著名的西班牙语的作者，包括来自阿根廷、智利或哥伦比亚作者的著作。根据文化与体育部的官方数据，西班牙出版部门2019年出口的图书总价值为近5亿欧元，最重要的外国市场是墨西哥、法国、英国、葡萄牙和意大利。

三 电影产业国际化

电影产业的整体增长，为西班牙电影作品质量的提升提供了坚实的基础。自 2011 年开始西班牙电影在国际上获奖的数量出现了成倍的增长，且始终保持在 200 项以上，获奖数量最多的 2012 年达到了 503 项，凸显了西班牙电影的国际影响力。21 世纪初，西班牙电影扶持政策着重鼓励新的创作者进入电影行业，为电影的商业开发提供保障的同时注重提高小型制作公司财务能力。经过持续的发展和变革，西班牙电影扶持政策更加完善，更加贴合其电影产业发展的需求。扶持政策至少在三个方面对西班牙电影产业的整体发展发挥了重要的推动作用。首先，扶持政策的持续变革和完善，为电影产业的发展创造了良好的营商环境，推动了生产、发行、消费等多个环节的全面发展，构建了资源共享、协同发展的产业链条，形成了电影产业发展的强大合力。其次，电影产业的深入发展，增加了就业机会，有利于解决社会就业难题，缓解了政府面临的行政压力，为政府进一步出台更多更有利的政策法规创造了条件。最后，在扶持政策的作用下，西班牙电影在国际上获奖的数量和电影质量都非常可观，不仅提升了电影的国际影响力，而且在塑造良好国际形象、传播历史文化和增强国家软实力方面带来了不可替代的优势。当然，电影产业的发展很难将其归功于某一两个因素，但扶持政策在电影产业发展中能够发挥强大的助推作用，这一点在西班牙电影产业的发展中得到了印证。

在海外合拍电影方面，西班牙与世界多个国家达成了合作。主要的多边协定包括同拉丁美洲国家共同签署的《拉丁美洲电影联合摄制协定》以及同欧盟国家达成的多边合作协定。西班牙于 1991 年与墨西哥、秘鲁签署了《伊比利亚电影一体化协议》，第二年古巴和委内瑞拉加入。后来拉美国家不断加入，包括巴西、阿根廷、乌拉圭、智利等主要拉美国家。拉丁美洲大部分国家的官方语言是西班牙语，西班牙海外合拍电影的扶持政策，也将拉丁美洲国家作为重点。西班牙电影艺术与科学学院的戈雅奖设立了最佳伊比利亚美洲奖项，用以表彰伊比利亚美洲国家单独拍摄或与西班牙合拍的西班牙语电影。1997 年成立的伊比利亚美洲援助基金则专注于拉丁美洲国家与西班牙合拍电影，实行跨国发行，以吸引具有共同文化特征的受众。伊比利亚美洲援助基金在向拉丁美洲国家传播西班牙文化方面起了积极的作用。①

最近十年，西班牙与其他国家合作拍摄影片的数量每年都保持在 40 部以上，2019 年达到了 66 部。近十年与西班牙合作拍摄影片的国家超过 40 个，合作伙伴主要是伊比利亚美洲的国家和欧盟成员国家。相同的语言是西班牙和拉美地区合作拍摄电影不可忽视的优势，伊比利亚美洲共同体也为合拍创造了条件。阿根廷的民族电影在拉丁美洲水平较高，阿根廷在文化上也与西班牙有深厚的渊源，在 2009~2018 年的十年，包括纪录片和动画电影在内，西班牙与阿根廷合作拍摄电影长片 72 部，是所有合作国家中最多的。其次是法国以及美国，分别为 65 部和 43 部。② 法国与西班牙进行电影合拍的时间较长，美国则是从 2012 年起逐渐成为西班牙拍摄电影的主要合作对象。2018 年西班牙票房前 50 部的影片中有 19 部是合拍片。合拍片《当怪物来敲门》（*Un Monstruo Viene a Verme*）成为西班牙电影史上票房第五的电影。除了票房之外，近年来的合拍片在质量上也非常出色，如与阿根廷合拍的《谜一样的双眼》（*El Secreto de sus Ojos*），该片 2010 年分别获西班牙戈雅奖和奥斯卡最佳外语片奖，成为享誉国际的优秀影片，2015 年美国对这部电影进行了同名翻拍。另一部与阿根廷合拍的《荒蛮故事》（*Relatos Salvajes*）上映后获得 2700 万美元的票房，同时获得第 30 届戈雅奖最佳伊比利亚美洲电影奖、第 87 届奥斯卡最佳外语片奖提名和第 69 届英国电影和电视艺术学院奖最佳非英语片奖。③55

与此同时，西班牙电影也积极参与到相关国际活动中。例如，在 2018 年 10 月，伦敦国际电影节放映了 8 部西班牙作品，西雅图国际电影节放映了 12 部西班牙作品，仅圣保罗国际电影节就放映了 16 部西班牙作品。

---

① 蔡盈洲、吕修齐:《西班牙电影产业与扶持政策解析》,《电影艺术》2020 年第 6 期，第 145~152 页。

② "Boletín Informativo 2009-2018," ICAA, https://www.culturaydeporte.gob.es/cultura/areas/cine/mc/anuario-cine/portada.html.

③ 蔡盈洲、吕修齐:《西班牙电影产业与扶持政策解析》,《电影艺术》2020 年第 6 期，第 145~152 页。

当前，与美国和英国等英语国家的情况正好相反，西班牙制造的西班牙电影由于语言和文化差异等，不能更好地"传播"到其他国家。这一问题通过联合制作的方式得到改善，从项目开始就考虑到文化差异的问题，允许来自一个以上国家的制片人参与资助项目。

四　舞蹈产业国际化——以西班牙弗拉明戈舞蹈为例[①]

"弗拉明戈"起源于西班牙安达卢西亚在经济和社会上被边缘化的吉卜赛社区，其代表"自底向上流行艺术"，具有强烈的节奏，强调重复节拍，常常即兴表演。弗拉明戈艺术从最初吉卜赛人的表演艺术发展为文化产业的过程，表现了区域性文化产品的传播是如何与当代全球化背景进行互动的，抓住国际旅游业以及先进工业化社会之于"异国情调"文化产品的消费主义崛起的机遇，从区域化的艺术形式最终转化为受欢迎的出口文化产品，离不开国际旅游对文化产业的促进以及消费者对文化产业的影响。

种族、阶级和地理的壁垒并没有阻碍弗拉明戈艺术的发展，反而在塑造这一艺术形式的过程中起了决定性的作用。从生产者（吉卜赛人）、消费者（早期到西班牙的法国和英国的游客）到市场（面向美国和日本市场的出口商品）的转换中，弗拉明戈艺术逐渐发展为一个文化产业。为了成功获得更多的消费者，一个文化产品需要进行精心包装和销售。发达国家的消费者追求独特的、个性化的体验来作为休闲娱乐的方式，往往表达了消费者的阶级和意识形态。因此，当今具有"异国情调"的艺术形式受到高度追捧。消费塑造了文化。

弗拉明戈舞从地方艺术表演形式演变为全球消费市场的出口产品，成为西班牙旅游业不可或缺的部分和重要的出口商品，对文化产业国际化来说有如下几点启示。

第一，吸引追求独特和异域情调的海外富裕消费者对某一地区文化产品的生存和发展至关重要，国际市场的兴起为区域性文化商品提供了必要

---

① 黄缅:《文化产业区域性与全球化的悖论及其启示——以西班牙弗拉明戈艺术为例》，《西南民族大学学报》（人文社科版）2016 年第 12 期，第 170~173 页。

的平台。国外市场上的消费者，按照各自的理性需求重塑和改造文化商品，这是文化产业发展的必经之路。例如，美国和日本的消费者就重新塑造了弗拉明戈舞的意义，来适应他们从对异国情调的喜欢到日常健身需求的变化。这些消费者对弗拉明戈舞的阐释与西班牙国内对该艺术形式的理解是大相径庭的，差异之大甚至可以称作文化误解。经过消费者改造后的来自异国的文化商品，在市场上大受欢迎，为文化产业提供了重要的收入来源。

第二，文化的生产和输出需要依赖现实条件，即拥有丰富的媒介生产力资源、先进的传播技术和其他途径。弗拉明戈舞的起源表明，早期旅游业促进产生了最初的吉卜赛艺术形式并巩固了当地市场。之后在政府的支持下，弗拉明戈舞随着西班牙国际旅游业生存、发展。到西班牙旅游的游客中不乏著名的画家、作家，他们在自己的小说、游记和作品中记载了弗拉明戈艺术，这些作品一经发表和出版使弗拉明戈舞名声大噪、声名远播，更增添了文化商品的浪漫主义色彩，增强了在国际市场上的影响力。

第三，弗拉明戈舞文化产业的兴起，是区域文化在文化全球化背景下反弹的结果，文化的商业化加剧了艺术形式变成商品的过程，这是在全球文化趋同的时代产生的。在全球文化趋同的时代区域文化的反弹力是推动文化产业发展的主要动力之一。一方面，全球市场对于维持地区文化很重要，另一方面，它代表着文化的生产和消费发生在多层次的文化和地理位置的联系中。实际上文化产品常常是地域文化跨越地理阻碍的结果，其起源、发展都被消费者重新塑造。商业化加快了艺术形式变成重要出口商品的进程，当文化成为商品就具有特殊性，承载着一个国家或民族的价值观念、历史传统和民族精神。而反商业化运动强调文化产品只是作为传统文化遗产，是一种重要的文化交流工具，使民族产生共同的历史意识。弗拉明戈舞提供的不仅是娱乐，还是文化多样性和全球化的表现。在当前这个全球化的时代，文化产业的生产和消费出现了同质化的趋势。全球化的趋势正在逐步消除各种文化的差异性和异质化，在这种背景下，区域文化却因为其独特性更能吸引异国的消费者，具有鲜明地域特色的文化反而能脱颖而出，成为受到全球市场欢迎的文化产品，这体现出全球化时代区域文化的反弹力。在当前这个全球化的时代，全球化的市场与文化的地域性表面上存在矛盾，但实际上存在着辩证关系。

西方发达国家由于具有强大的经济实力、丰富的媒介生产力资源和先进的传播技术而在文化输出上占有优势，通过文化商品的方式向其他国家输出自己的意识形态，获得其他民族和国家的文化认同。很多学者认为全球化会消灭文化的地域差别，但从西班牙的例子我们发现地域障碍可以通过文化产品流通的全球化来跨越，越是具有地域特色的文化商品越是能受到全球化市场的欢迎。

五　文化产业国际化促进措施

（一）西班牙相关政府部门在文化产业国际化中的作用与举措

西班牙政府在西班牙文化创造产业的国际推广中扮演着什么样的角色呢？这将通过分析公共机构在西班牙的文化和创作走向国际化与国际推广的工作中找到答案。那些拥有较大财政预算的地方政府，以及那些与语言和文化方面有紧密联系的政府部门，在国际化推广中发挥了重要作用。在此，我们将重点关注西班牙中央政府为支持海外西班牙文化发展所做的工作。

西班牙外交部当然发挥着最重要的作用，其主要通过其文化专员起作用。目前在世界各地的大多数机构，包括所有西班牙大使馆都设有文化专员职务。文化专员是公务员，通常是外交官，他们是由西班牙外交部任命的，而不是由文化与体育部任命的。

在西班牙外交部内，西班牙国际合作与发展援助署（AECID，La Agencia Española de Cooperación Internacional para el Desarrollo）负责管理的相关国家预算也涵盖对文化领域的许多重要活动的支持。在其他有西班牙国际合作与发展援助署下的文化中心的国家中，西班牙国际合作与发展援助署扮演着组织文化活动的最重要角色，其中包括对宣传西班牙国家艺术家或西班牙文化项目的支持活动。

西班牙国际合作与发展援助署通过发起与支持具体活动的方法，以及通过海外文化中心的活动对当地产生积极影响，在海外传播西班牙文化方面发挥着非常重要的作用。其中海外文化中心还制定有关文化和科学合作政策，促进文化行动，并支持在国外的文化宣传活动。西班牙国际合作与发展援助署下的文化中心由作为海外合作单位组成的文化中心组成。此外还汇聚了6个当地参与的联系中心，这些文化中心的加入丰富了集团的多样性和多元化。

这些中心分布在全球16个国家（包括15个拉丁美洲国家和赤道几内亚），平均每年接待100万名游客。通过其总部向用户（公共和私人）提供设施，如教室、礼堂和展厅、图书馆、媒体图书馆和媒体实验室等。集团还与当地机构合作组织了许多促进双边交流与合作的文化项目，为伊比利亚美洲文化空间的创建和对西班牙文化的推广做出了贡献。

除此之外，西班牙国际合作与发展援助署在赞助或直接组织海外文化活动等方面发挥积极作用。例如，在视觉艺术、设计和建筑方面，西班牙国际合作与发展援助署负责西班牙在威尼斯双年展的活动对接。它对西班牙艺术家或国外展览给予了很多支持，并保持与其他公共和私人机构的合作。西班牙国际合作与发展援助署有自己的电影档案馆，并积极发起和组织与电影相关的交流活动。

文化与体育部本身及其内部机构都有自身组织的国际文化活动。例如，舞蹈和表演艺术学院支持的国际交流活动，以活动方对项目进行赠款与补贴的形式支持活动。

（二）西班牙相关机构、组织等在文化产业国际化中的作用与举措

西班牙文化行动机构（Acción Cultural Española）是一个公共机构，其负责协调公众对西班牙文化和西班牙文化在海外发展的支持。其目标包括促进西班牙丰富多样的艺术遗产，并促进其现代创意产业与文化领域的国际化发展。从历史文化遗产到新兴文化产业，它致力于突出文化代表国家形象的重要性，并在西班牙境内外积极促进其发展。

西班牙文化行动机构在组织有意义的文化交流活动等方面积累了丰富的经验。其目的是引起人们对历史文化科学相关文化活动的关注，以便重新审视其与当代文化的联系与定位。在海外，组织的相关纪念活动还为提高西班牙在海外的影响力以及加深与其他国家或地区的关系提供了机会。由国际展览局（BIE）批准的西班牙政府组织的世界博览会活动，也是通过西班牙文

行动机构来促进的,这些活动旨在向海外展示西班牙文化的多样化。西班牙文化行动机构支持国际展览,促进西班牙文化和创意等部门参与与当代创作相关的著名国际论坛活动,如文化与艺术相关领域的双年展、博览会和节庆活动等。其重要的西班牙文化国际化方案(PICE)为提高文化和创意部门的国际运作能力提供了激励。该方案还为国际访客提供资助,使国际有影响力的人物能够来到西班牙。在此,他们可以获得西班牙在节日、博览会和其他文化艺术领域的活动中所能提供的第一手讯息。这两种类型的补助,即流动补助金和访客补助金,每年有两次申请机会。

西班牙对外贸易研究所(ICEX,Instituto de Comercio Exterior),隶属财政部。西班牙对外贸易研究所的专业人士和管理人员通过关注研究,把那些具有更明确的经济价值的文化和创意产业纳入他们的管理范围。从直接支持西班牙设计和时尚的国际销售活动开始,现已逐步扩展到具有明确市场角度的其他领域,例如电影和电视、视频游戏、艺术画廊等。通过多元化的公共支持形式,促进国际交流、支持出席交易会和市场、支持组织双边交流代表团活动。例如,来自西班牙的视听节目,在戛纳电影市场或柏林欧洲电影市场广为人知,这些都表明了对该机构极强的肯定。

西班牙电影视听艺术机构(ICAA)提供赠款,支持西班牙电影制片人参与电影节和国际市场,并为此目的与西班牙对外贸易研究所合作。

在此,必须要提到塞万提斯学院。塞万提斯学院是西班牙政府于1991年创建的一个全球性非营利组织,相比德国歌德学院或法国学院等国际类似机构来说,塞万提斯学院起步较晚。但是,它是目前负责促进西班牙语和西班牙文化学习和教学的世界上最大的组织。根据创建该机构的条例,该机构的最终目标是促进以西班牙语作为第二语言的教育、研究的扩大推广,并支持有助于西班牙语教育进程的方法和活动,促进西班牙语和西班牙裔美国文化在非西班牙语国家的发展。在此必须指出的是,通过其在44个国家的文化中心,塞万提斯学院已经从世界上最大的语言学院转变为文化参与者的角色。

谈及电影业以及与拉丁美洲有关的领域,特别要提到伊比利亚媒体基金。其是由所有拉丁美洲国家(包括巴西)以及西班牙和葡萄牙于1987年设立的电影基金,是"伊比利亚美洲合作"计划里最重要和最可持续发展的成果之一。伊比利亚媒体基金资助电影和电视的联合制作,并在其成员的市场中促进这些电影的发行。其主要办事处设在马德里,由合作国务卿主持。伊比利亚媒体的数据总结是展示其成功的有力凭证。其基金于1988年启动以来,已向787个拉丁美洲共同联合发展项目提供了支持;为283部电影的国际推广和发行做出了贡献;在22个国家发放了共计2900多份教育补助金,其总投资额为9300万美元。

第七章
重点行业市场现状

一 电影电视行业

（一）电影

电影业在西班牙文化产业中占据重要的地位。至2019年，西班牙电影观影人数为1.049亿人（见图7-1），其相关总收入为6.147亿欧元（见图7-2）。在西班牙语电影方面，2019年上映的外国电影共拥有8900万名观众，总收入为5.226亿欧元。2019年，在全国3695个展厅中上映的电影数量为1806部，其中655部是新发布的影片（见图7-3），占上映影片总数的36.3%。同期放映的西班牙电影有487部，放映的外国电影有1348部。①

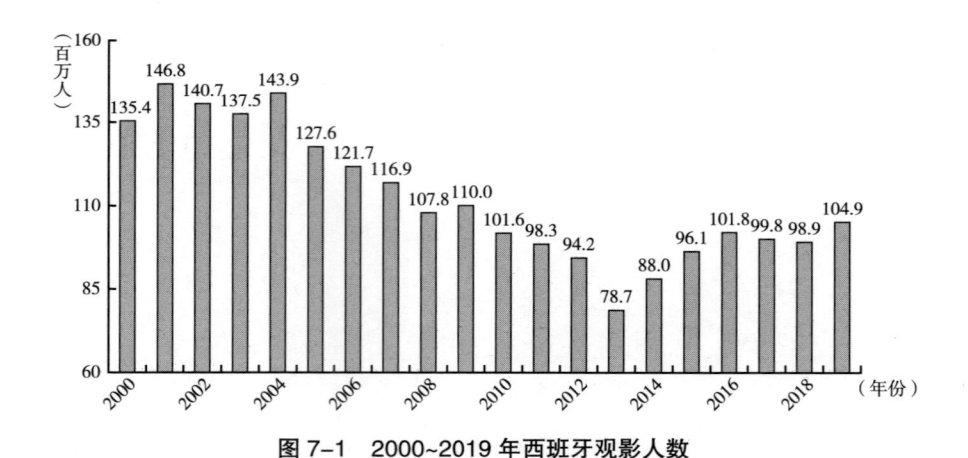

图 7-1　2000~2019年西班牙观影人数

资料来源：《文化统计年鉴2020》。

---

① "Anuario de Estadísticas Culturales 2020," Ministerio de Cultural y Deporte.

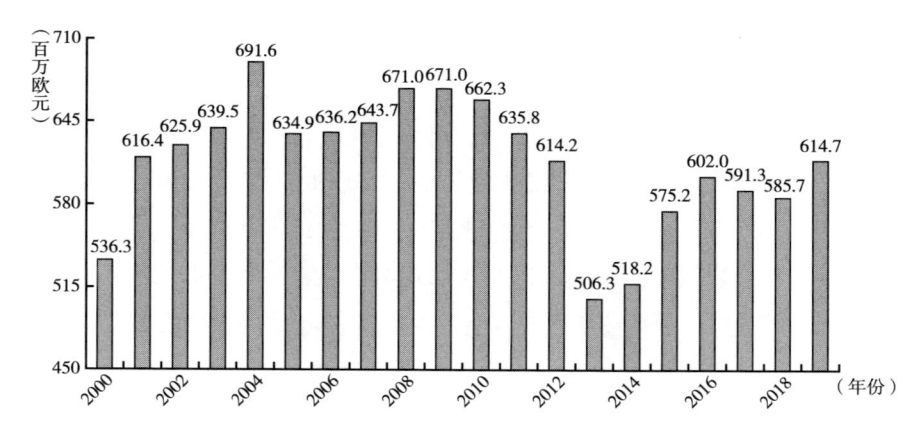

图 7-2　2000~2019 年在西班牙本土产生的电影票房收入

资料来源：《文化统计年鉴 2020》。

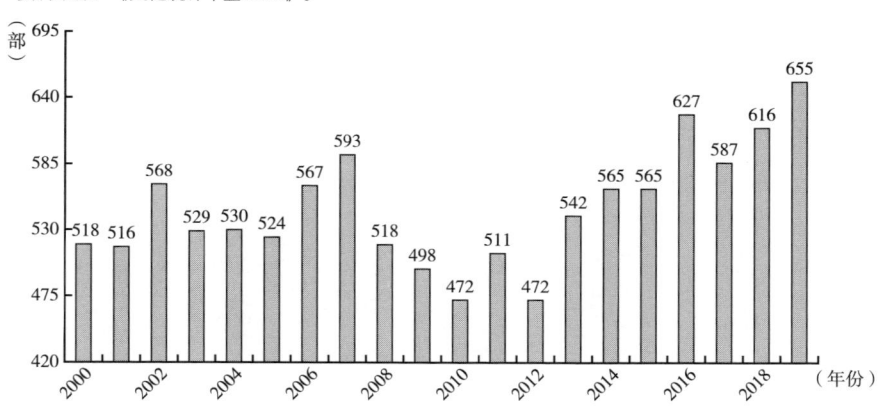

图 7-3　2000~2019 年西班牙首映电影数量

资料来源：《文化统计年鉴 2020》。

从 2014~2019 年，在观影人数方面，西班牙观影人数持续上涨，2019 年达到近十年的最高值 1.05 亿，较 2018 年同比增长 6.1%。电影院数量也在 2014 年后以每年 5~10 家的速度逐步增加。观影人数上去了，院线增加了，电影票房也随之获得了明显增长。虽然电影票房收入在 2013 年达到最低水平，但从 2013~2019 年总体呈上升趋势，电影票房收入从 5 亿欧元增加到 6.14 亿欧元。电影消费的持续增长，带动了产业链其他环节的发展。①

---

① 蔡盈洲、吕修齐：《西班牙电影产业与扶持政策解析》，《电影艺术》2020 年第 6 期，第 145~152 页。

在生产方面，电影制作公司的数量也呈上涨趋势，从 2013 年的 267 家增长到 2019 年的 381 家，并在 2018 年达到最高值 389 家。电影发行公司的数量在 2013 年跨过 300 家以后获得了持续的增长，此后的几年均超过了 320 家。年发行电影 10 部以上的公司占全部电影发行公司的 10%~15%，2014 年后的四年间发行电影 10 部以上的公司稳定在 33 家，并在 2018 年增长到 44 家。电影产业的发展为社会提供了更多的就业机会。2014 年以来，西班牙电影行业从业人员的数量持续上升，保持在 7 万人以上，并在 2017 年达到最高值 8.5 万人。[①]

2014~2018 年，西班牙电影行业资助预算总体上呈上升趋势，并在 2018 年达到最高值，虽然在 2015 年和 2019 年出现了明显的下降，且 2019 年几乎下降到只有 2018 年预算的一半（见图 7-4）。

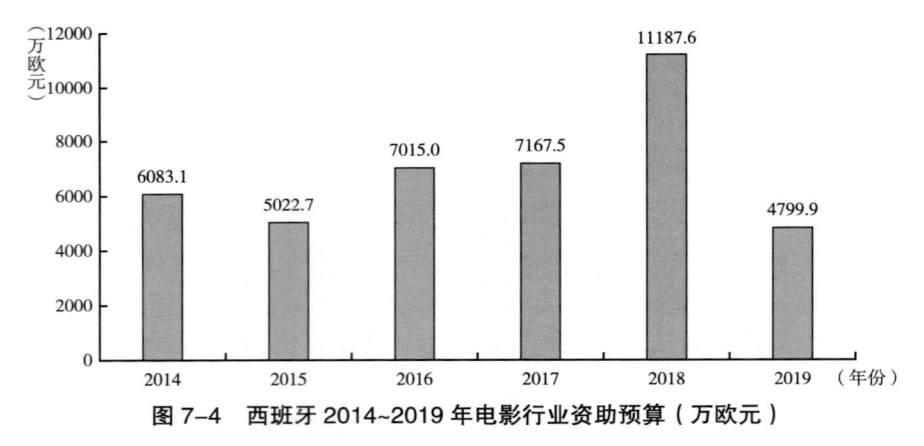

图 7-4　西班牙 2014~2019 年电影行业资助预算（万欧元）

资料来源："Ayudas a la Cinematografía 2012-2019，" ICAA。

电影和视听艺术机构（ICAA）是一个隶属文化与体育部的自治机构，其旨在规划与电影产业和音像制作有关的扶持政策。ICAA 围绕以下领域开展工作：

- 组织有关制作、发行和展览电影等的视听活动；

[①] Empleo Cultural por Actividades Económicas, http://estadisticas.mecd.gob.es/CulturaJaxiPx/Datos.htm?path=/t1/p1e/M_Anuales//l0/&file=T1EM1003.px&type=pcaxis.

- 电影和视听艺术的推广；
- 电影遗产的恢复、修复、保护、研究和传播；
- 对电影专业人才的培训；
- 与具有类似目的的国际组织和机构的合作；
- 在电影和视听艺术方面与自治区合作。

ICAA 还有一份西班牙电影相关公司的主要负责领域的公开名单，具体分为八个部分：

- 生产；
- 进口/分销；
- 参展商；
- 实验室；
- 电影和配音工作室；
- 出口；
- 技术；
- 非商业电影的传播、生产、进口或分销。

此外，该组织与如下相关实体合作：

- 圣塞瓦斯蒂安国际电影节股份公司（Festival Internacional de Cine de Donostia San Sebastián, Sociedad Andnina），是一个在全国范围内举办重大电影节的公司，以组织和举办与电影传播有关的许多活动为主要目标，如展览、会议、专题讨论会和电影展等；
- 韦尔瓦伊比利亚美洲电影文化节基金会（Fundación Cultural Festival de Cine Iberoamericano de Huelva）；
- 西班牙媒体文化基金会（Fundación Cultural Oficina Media España）；
- 视听金融互担保公司（Audiovisual Finanzas, S.G.R., 先前名为视听认可公司，Audiovisual Aval, S.G.R.）。

西班牙每年还会举办电影节活动，在这些电影节上，电影行业中的重要人物以及那些刚刚起步的新人都有机会通过电影节来宣传自己以及展示自己的作品，并由此获得认可。这些电影节在一年中的不同时段在西班牙各地举行。在电影节上可以放映普通电影作品或与特定主题相关的影视作品。西班牙全国各地都有电影节，不仅仅是在马德里和巴塞罗那这样的大城市。事实上，西班牙最重要的两个电影节起源于两个沿海小城市：圣塞瓦斯蒂安和马拉加。马拉加电影节是一个非常受欢迎的全国性电影节，旨在更好地关注西班牙本国电影。圣塞瓦斯蒂安国际电影节（在巴斯克地区也称为多诺斯蒂·齐内马尔迪电影节）是受到全球关注的国际电影节，由相关国际电影发行机构批准，并授予其举办资格。在全国各地组织的其他电影节，类别和受众目标等均各不相同，西班牙电影节概况详见表7-1。

表7-1 西班牙电影节概况

中文名称	外文名称	举办地
马德里短片电影节	Festival de Cortometrajes	马德里
洛格罗尼奥国际电影节	Festival Internacional de Cinedanza, Logroño	洛格罗尼奥
伊维萨国际独立电影节	Festival Internacional de Cine Independiente de Ibiza	伊维萨岛
特纳里夫国际纪录片节	Festival Internacional de Documentales Tenerife	特纳里夫岛
卡拉万切尔西班牙电影周	Semana del Cine Español de Carabanchel	卡拉万切尔
伊比利亚美洲艺术节	Festival Iberoamericano de Cotrometrajes ABC	马德里
加泰罗尼亚国际动画电影节	Muestra Internacional de Cine de Animación de Catalunya	莱里达
大加那利岛拉斯帕尔马斯国际电影节	Festival Internacional de Cine Las Palmas de Gran Canaria	加那利群岛
巴塞罗那国际短片和动画节	Festival Internacional de Cortometrajes y Animación de Barcelona	巴塞罗那
西班牙电影节	Muestra de Cine Español Inédito de Jaén	哈恩
图伊国际纪录片节	Festival Internacional de Documentales de Tui	图伊
电影电视节	Festival de Cine y Televisión	阿尔梅里亚
巴塞罗那国际电影节	Festival Internacional de Cine de Autor de Barcelona	巴塞罗那
兰萨罗特电影节	Festival de Cine de Lanzarote	兰萨罗特
动画片、特效、游戏国际电影节	Animayo Festival Internacional de Cine de Animación, Efectos Especiales y Videojuegos	加那利群岛

续表

中文名称	外文名称	举办地
国际纪录片电影节暨论坛	Festival Internacional de Películas Documentales y Pitching Forum	巴塞罗那
马德里国际纪录片节	Festival Internacional de Documentales de Madrid	马德里
阿利坎特国际电影节	Festival Internacional de Cine de Alicante	阿利坎特
想象电影节	Imagineindia Internacional Film Festival	马德里
韦斯卡国际电影节	Festival Internactional de Cine de Huesca	韦斯卡
巴伦西亚国际电影节	Festival Internacional de Cine de Valencia	巴伦西亚
拉普拉塔电影节	Cinema Lliure a La Platja	巴塞罗那
埃尔切独立电影国际节	Festival Internacional de Cine Independiente de Elche	埃尔切
赫罗纳电影节	Festival de Cinema de Girona	赫罗纳
圣塞瓦斯蒂安国际电影节	Festival Internacional de Cine Donostia San Sebastián	圣塞瓦斯蒂安
国际动画、游戏和新媒体节	Mercado Internacional de Animación, Videojuegos y New Media	塞哥维亚
阿尔梅里亚西部电影节	Festival de Cine del Oeste de Almería	阿尔梅里亚
马略卡国际电影节	Festival Internacional de Cine de Mallorca	马略卡岛
潘普洛纳电影节	Festival de Cine de Pamplona	潘普洛纳
巴塞罗那国际电影纪录片音乐节	Festival Internacional de Cine Documental Musical	巴塞罗那
大加那利岛拉斯帕尔马斯伊比利亚美洲电影节	Muestra de Cine Iberoamericano de Las Palmas de Gran Canaria	大加那利拉斯帕尔马斯
马德里国际奇幻电影节	Festival Internacional de Cine Fantástico de Madrid	马德里
圣塞瓦斯蒂安恐怖与幻想电影节	Semana de Cine Fantástico y de Terror de San Sebastián	圣塞瓦斯蒂安
加泰罗尼亚国际奇幻电影节	Festival Internacional de Cinema Fantastic de Catalunya	巴塞罗那
巴塞罗那独立电影节	Festival de Cine Independiente de Barcelona	巴塞罗那
马德里独立和文化电影节	Festival de Cine Independiente y de Culto de Madrid	马德里
美食电影节	Festival de Cine y Gastromía	马德里、巴塞罗那
环境国际电影节	Festival Internacional de Cine de Medio Ambiente	巴塞罗那
毕尔巴鄂国际纪录片和短片节	Festival Internacional de Cine Documental y Cortometraje de Bilbao	毕尔巴鄂
塔拉戈纳国际电影节	Festival Internacional de Cine de Tarragona	塔拉戈纳

注：根据公开资料由作者整理。

当然，电影产业在很大程度上依赖那些电影投资人及制作人的实力。西班牙电影行业工作者深受经济危机及整个公共补贴生态系统的严重影响。同欧洲其他地方一样，该行业也深受数字技术革命的影响，并通过在线流媒体平台的销售所带来的新的商业模式直接或间接地影响了戏剧的发行、电视剧及电影的拍摄。在电影业中，还有一个重要的群体，就是电影制片人。近年来，不仅制作公司的数量呈指数级增长，而且每年有更多的制作人投资一部及以上的电影（见表7-2）。

表7-2 2007~2019年西班牙电影制片人数量

单位：人，%

年份	制片人数量	仅参与1部影片的制片人数量	占比	参与2~4部影片的制片人数量	占比	参与4部以上影片的制片人数量	占比
2007	213	167	78.40	37	17.37	9	4.23
2008	217	179	82.49	34	15.67	4	1.84
2009	234	191	81.62	36	15.38	7	2.99
2010	249	198	79.52	44	17.67	7	2.81
2011	259	218	84.17	37	14.29	4	1.54
2012	246	212	86.18	32	13.01	2	0.81
2013	267	226	84.64	37	13.86	4	1.50
2014	276	242	87.68	31	11.23	3	1.09
2015	343	298	86.88	40	11.66	5	1.46
2016	354	299	84.46	51	14.41	4	1.13
2017	329	282	85.71	43	13.07	4	1.22
2018	389	340	87.40	45	11.57	4	1.03
2019	381	316	82.94	62	16.27	3	0.79

资料来源："Anuario de Cine de España，"ICAA Ministerio de Cultura，2019。

以下是西班牙一些重要的电影公司，一些公司业务也涉猎电视行业。

- Atresmedia 电影制片公司（Atresmedia Cine, S.L.）
- 华纳兄弟娱乐公司（西班牙）（Warner Bros Entertainment España,

S.L.）
- 泰拉特电影制片公司（El Terrat De Produccions, S.L.）
- 梅迪播公司（Mediap Roduccion, S.L.U.）
- 埃斯卡电影公司（Escac Films, S.L.）
- 多西娱乐公司（Doce Entertainment, S.L.）
- 泽塔电影公司（Ztea Cinema, S.L.）
- 宝芬格国际影业有限公司（Bowfinger International Pictures, S.L.）
- 逆流电影公司（A Contracorriente Films, S.L.）
- 阿瓦隆电影制片公司（Avalon Productora Cinematografica, S.L.）
- 泽塔视听有限公司（Ztea Audiovisual, S.A.）
- TELEFONICA 电影制片公司（TELEFONICA Studios, S.L.U.）
- 四只猫影业公司（4 Cats Pictures, S.L.）
- 阿芭乐特电影公司（Aparte Films, S.L.）
- 阿帕奇电影公司（Apache Films, S.L.）
- 阿提皮卡电影公司（Atipica Films, S.L）
- 巴斯克地区电影服务有限公司（Basque Films Services, S.L.）
- 切斯特媒体生产有限公司（Chester Media Producciones, S.L.）
- 戈雅产品有限公司（Goya Producciones, S.A）
- 埃尔南德斯·费尔南德斯电影公司（Hernandez Y Fernandez P. C., S.L.）
- 拉斯托媒体有限公司（Lastor Media, S.L.）
- 莫德电影公司（Mod Producciones, S.L.）
- 奥博隆电影公司（Oberon Cinematografica, S.A.）
- Telecinco 电影公司（Telecinco Cinema, S.A.U.）
- 托纳索尔电影公司（Tornasol Films, S.A.）
- 贝尔提格电影公司（Vertigo Films, S.L.）

（二）电视

西班牙电视节目，从 20 世纪 50 年代末开始发展到 90 年代初，全国只有一个公共广播电台，即西班牙语广播电台（Radio Televisión Españols, RTVE）和两个电视频道，即 TVE 1 台和 TVE 2 台。打破垄断情况的第一个变化是加泰罗尼亚公共广播公司（Catalan Public Broadcaster，TV3）和巴斯克公共广播公司（Basque Public Broadcaster，Euskal Irrati Telebista, EITB, ETB）的出现。几年后，政府发放第一批电视广播许可证：天线 3 号（Antena 3）和第五电视台被允许免费制作电视节目，同时通过 Canal+ 频道付费订阅。此后，第六电视台（Sexta TV）也顺利引进。与此同时，外国电视公司在西班牙电视节目舞台上崭露头角：通过付费订阅卫星节目作为新的模式进入电视行业，随着新许可证的增加和新节目的出现，数字电视的引入使得电视行业的发展前景更加复杂。

这些广播公司在相关文化节目制作方面的影响以及文化创意制作与文化传播方面的贡献是非常大的。就文化传播影响力而言，西班牙语广播电台 RTVE（和其他地区公共广播公司）无疑处于领先地位。但在电视创意节目制作方面，两家私人公司 Gestevisión Telecinco 和 Grupo Antena 3 很快就成长为西班牙电视内容的重要投资者。在他们的推动下，一些重要的电视节目产业在西班牙逐渐成长起来，其主要发展中心是马德里和巴塞罗那。必须指出的是这一发展也有利于电影业，因为广播公司一定程度上也承担了资助电影制作的责任。

广播公司之间的竞争非常激烈，电视节目制作也是如此。公共广播公司感受到了这些变化，它们开始将内容制作的重要部分"外部化"，一些重要的电视产品在国际市场上的发行大获成功，这一发展趋势至今仍然保持。与此同时，Canal+ 为西班牙的电视付费频道担任了优质国际电视节目的推广者。西班牙的电视卡通动画节目在对外出口中获得成功，还打入了包括亚洲在内的其他海外市场。

随后出现了新的电视商业模式，即订阅视频点播和 SVOD[①] 电视扩展形式，其大型内容网络平台 Netflix 在影视联盟中占据了首要位置。西班牙最大的电信运营商，电影之星（Movistar）也推出了自己的制作平台 Movistar+，

---

① SVOD 代表订阅视频点播，指用户必须订阅才能访问的视频流服务，如 Netflix 的用户必须每月支付订阅费才能观看上面的内容。

这是目前西班牙国内最重要的 SVOD 节目的供应商。

这种改变正在影响着电视消费者的习惯，并随之对电视行业产生影响。其免费电信服务供应商 TDT 逐渐被 SVOD 等媒体服务所取代，这一趋势在年轻人中的反应十分明显。

电视产品需要快速适应电视需求，电视观众将扮演重要的角色。这种商业模式一直在发展，并不断循环增长，在这种循环中，内容吸引了新的订户，相关实体投资了更多的内容，从而改变了电视网络的融资方式，现在电视网络试图通过向消费者销售节目来生存。在广告方面使用 Cookie 也受到广告市场结构的影响，与使用 OTT 服务①的非线性平台（例如 Netflix 或 YouTube）相比，监管框架使线性电视处于极大的劣势。2018 年引入的欧盟视听法缓和了监管差异及其对资金的影响，但也仅限于有限的程度。

似乎所有这些流媒体平台（大部分来自美国）都需要扩大他们内容供应的来源。一部分是出于满足当地需求的需要，另一部分是由于新的欧洲政策。西班牙是这一趋势的一个强有力的例子：西班牙作品《纸钞屋》（*La Casa de Papel*）大受欢迎，成为 Netflix 上观看量最多的电视剧。

然而，HBO 和 Netflix 这两个欧洲影视制作的先驱，目前都明确表示，不受好莱坞制作全球化影响的本土内容仍将是少数。因此其目的不是复制和取代欧洲电视公司和频道，而是补充和尊重共存。这些平台现在被迫提供至少 25% 的欧洲产品。无论如何，平台和传统实体电视之间的界限有时在内容制作方面不太清晰。Grupo Antena 3 制作的电视节目后被 Neflix 购买，并作为 "Netflix 原创" 在全球发行。Movistar+ 正在凭借自己的内容加入生产市场，同时与 Netflix 联手，将自己的内容即计划纳入其平台。

只有长时间的观测，才有可能全面分析新平台对西班牙行业的影响。有人认为这将会造成当地节目的知名度受到影响，因为一旦制作完成，版权就属于这些平台本身，这些平台可能有兴趣也可能没有兴趣让这些节目在国外传播。

---

① OTT 服务是一种通过互联网直接向观众提供的流媒体服务，OTT 服务需要通过互联网进行信息发送，有别于需要申领牌照的行业，如有线电视、广播或卫星电视等传统媒体，其在很多国家不受法规规范。

就目前而言，在西班牙起初似乎对传统电视构成全面威胁的东西，现在不仅朝着共存的方向发展，而且正在大力推动西班牙的电视制作的创新及其在世界范围内的成功。

根据一项将生产数据与西班牙电视节目的观众人数进行比较的研究，以下电视节目可以被视为西班牙最重要的电视节目（根据其在广播电视总份额中所占的比重）。西班牙主要电视节目详见表7-3。

表7-3 西班牙主要电视节目

La Fábrica de la Tele (17.2%)	Sálvame, Cazamariposas…
Cuarzo / Banijay (13.7%)	Viva la Vida
Gestmusic / Endemol Shine Group(7.3%)	Operación Triunfo, Tu Cara Me Suena…
Globomedia / Grupo Mediapro (6.5%)	Zapeando, El Intermedio, Estoy Vivo…
Bulldog TV (6.4%)	Supervivientes, Mujeres y Hombres y Viceversa
Boomerang TV / Lagardere (6%)	El Secreto de Puente Viejo, Acacias 38, La Voz…
Warner Bros ITVP (5.1%)	First Dates, Pesadilla en la cocina…
Sísifus Producciones (3.3%)	La Ruleta de la Suerte
Mandarina (3.1%)	Las Mañanas de Cuatro
Diagonal TV / Endemol Shine Group (3.1%)	Amar es Para Siempre
Zeppelin / Endemol Shine Group (3%)	Gran Hermano
Xanela Producciones (2.9%)	Pasapalabra
Zebra (2.9%)	Centro Médico
Plano a Plano (1.8%)	Servir y Proteger, Allí Abajo
7 y Acción (1.7%)	El Hormiguero 3.0
Catorce (1.4%)	Aquí la Tierra
Shine Iberia / Endemol Shine Group (1.4%)	Master Chef
Fremantle Media (1.4%)	Got Talent
Lavinia (1.3%)	Torres en la Cocina
JC (1.1%)	Hora Punta

注：根据公开资料由笔者整理。

二　表演艺术行业

表演艺术包括音乐、戏剧、舞蹈和歌剧。事实上，它们之间有联系，有时在制作上，有时在它们演出的场所上。本部分会对不同的演艺领域进行介绍。但首先，为了全面了解这一文化领域的工作内容及其结构，有必要介绍其主要机构及参与者。

（一）表演艺术机构

1. 国家表演艺术和音乐机构（INAEM，El Instituto Nacional de las Artes Escénicas y de la Música）

该机构对西班牙表演艺术界至关重要。它是西班牙文化与体育部的下属机构，负责制定和开发与戏剧、舞蹈、音乐和马戏团有关的项目。其目标是：促进与资助艺术表演、保护和传播表演艺术。此外，它在这些事项上协调自治区之间的交流，尽管就组织而言，自治区已通过立法形成了自身在表演艺术和音乐领域的竞争力。

INAEM 主要在两个领域开展工作。

- 创作和推广：汇集了艺术创作、展览、纪录片，以及与数字技术相关的中心机构，这些中心主要依赖 INAEM；
- 支持公共和私营实体、公司和艺术团体：通过行政单位和依赖文化与体育部的展览和艺术培训中心进行管理。此外，其还制定了关于在西班牙和国外推广和展览表演艺术和音乐的政策，并与自治区和文化与体育部的其他部门长期合作。文化与体育部还为 INAEM 每年开展的展览以及国家和国际旅游项目发放赠款和补贴。

INAEM 的主要和最重要的任务之一是通过呼吁提供赠款和补贴，与西班牙演艺和音乐的众多公共和私营实体合作，以及创建和直接推广与音乐、舞蹈、戏剧和马戏团有关的节目。例如，成功的 **PLATEA** 计划致力于在全国范围内巡回演出。该计划的目的是促进地方实体和 INAEM 共建表演艺术机构，以推动西班牙各地区的文化发展。

通常，INAEM 直接通过其附属的一些中心开展工作，制作和展示相关作品，另一些中心负责文献管理和艺术培训。这些中心如下。

- 国家音乐礼堂（Auditorio Nacional de Música）
- 音乐和舞蹈文献中心（Centro de Documentación de Música y Danza）
- 表演技术中心（Centro de Tecnología del Espectáculo）
- 国家音乐广播中心（Centro Nacional de Difusión Musical）
- 国家古典戏剧公司（Compañía Nacional de Teatro Clásico）
- 国家戏剧博物馆（Museo Nacional del Teatro）
- 萨苏埃拉剧院（Teatro de la Zarzuela）
- 西班牙国家芭蕾舞团（Ballet Nacional de España）
- 戏剧文献中心（Centro de Documentación Teatral）
- 国家戏剧中心（Centro Dramático Nacional）
- 国家舞蹈公司（Compañía Nacional de Danza）
- 西班牙国家青年交响乐团（Joven Orquesta Nacional de España）
- 西班牙国家管弦乐团和合唱团（Orquesta y Coro Nacionales de España）
- 玛加利亚宫（Palacio de Magalía）
- 玛丽亚·格雷罗剧院（Teatro María Guerrero）
- 瓦莱因克兰剧院（Teatro Valle Inclan）

根据 INAEM 的年度预算报告，2017 年共投资了 1.5 亿欧元，占其初始预算的 92.85%。在这一数额内，有一笔款项用于补贴，补贴与该机构最相关的经济活动，这些补贴提供给各类受益者，以便执行项目或投资文化基础设施。具体而言，2017 年在该补贴上共投资了 27083470 欧元。

2017 年从 INAEM 获得赠款的一些实体包括：皇家剧院（Teatro Real）、利西奥大剧院（Gran Teatre del Liceu）、梅斯特兰萨剧院（Teatro de la Maestranza）、帕劳艺术学院（Palau de les Arts）、康普顿斯音乐科学院（Instituto Complutense de las Ciencias Musicales, ICCMU)、格拉纳达节（Festival de Granada）、桑坦德音乐节（Festival de Santander）、拉米纳斯基金会（Fundación Cante de las Minas）、圣塞瓦斯蒂安音乐双周节（Quincena Musical de San Sebastián）、弗洛雷斯剧场公司（Consorcio Mercat de les Flors）和昆卡宗教音乐周（Semana de Música Religiosa de Cuenca）。

除此之外，INAEM 支持庆祝与舞蹈和音乐相关的各种节日，涉及以下活动和实体。

- 格拉纳达国际音乐舞蹈节（International Festival of Music and Dance of Granada）：2001 年，格拉纳达国际音乐舞蹈节通过一个联合体的形成而具有法人资格，该联合体涉及四个公共行政部门：格拉纳达市议会、格拉纳达省议会、安达卢西亚政府和文化部。
- 昆卡宗教音乐周（Semana de Música Religiosa de Cuenca）：由 INAEM 与昆卡市议会、卡斯蒂利亚－拉曼查政府、昆卡教区、卡斯蒂利亚－拉曼查银行共同赞助。
- 坎特德拉斯米纳斯国际艺术节（Cante de las Minas International Festival）

2. 国家表演艺术和音乐委员会（Consejo Estatal de las Artes Escénicas y de la Música）

该实体也是与表演艺术部门联系最密切的机构之一，旨在提升民众在音乐、舞蹈、戏剧和马戏团等文化领域的参与度。委员会的主要任务是促进表演艺术领域的沟通、合作和意见交流，并引导该部门向国家行政总局提出请愿和建议，以便重视和了解这些领域的重点发展事项。

（二）音乐

在音乐方面，2019 年拥有 ISMN 的西班牙音乐作品数量为 1602 件，其中 96.8% 是初版。按音乐类型划分，48.3% 的已注册出版作品类型为器乐，其次是声乐（30.1%）和传统音乐（14.8%）。共有 541 个音乐厅，相当于每 10 万居民享有 1.2 个，其中 73.4% 为公有的音乐厅。

另外，音乐节在西班牙音乐生态系统中起着至关重要的作用，因为现场表演音乐是当今大多数乐队和音乐家最重要的收入来源之一。西班牙是欧盟中庆祝音乐节最多的国家，即使缺少针对该行业需求和特殊性的法律规范，该行业在过去20年中的参与人数并未减少，而且业务量在不断增长。

为了满足这些需求，音乐节协会（Asociación de Festivales de Música）创办了一些具有代表性的国家层面的大型音乐节，如春季之声音乐节（Primavera Sound Festival de Música）、索纳尔音乐节（Sónar Festival de Música）、贝尼卡西姆音乐节（FIB Festival de Música）、克鲁亚音乐节（Cruilla Festival de Música）、维达音乐节（Vida Festival de Música）、毕尔巴鄂现场音乐节（Bilbao BBK Live Festival de Música）、马德里康普斯顿音乐节（Dcode Festival de Música）等。

2018年10月，在毕尔巴鄂举行的一年一度的节日大会上，"音乐旅游"一词被提及，因为这些文化活动的举办为当地创造了数百万欧元的收益。

事实上，这些活动是支撑西班牙全国现场音乐表演的主要支柱。根据《现场音乐年鉴》中的数据，2018年，音乐会收入为3.34亿欧元，创下了西班牙有史以来的最高纪录。这主要得益于一些大型的音乐节及活动，其中布里亚那的阿雷纳尔之声音乐节（Arenal Sound de Burriana）和库列拉的美杜莎沙滩音乐节（Medusa Sunbeach Festival de Cullera）居领先地位，有30万人参加，紧随其后的是马德里的疯狂酷音乐节（Madrileño Mad Cool），参与人数为24万人，巴塞罗那的春季之声音乐节（Primavera Sound of Barcelona），参加人数为22万人，比利亚罗夫莱多的阿尔巴塞特·维纳·罗克音乐节（Albacete Viña Rock de Villarrobledo），参加人数为21万人。

音乐促进协会（Asociación de Promotores Musicales，APM）表示，没有关于音乐节的确切数量的官方统计。根据文化与体育部的文化统计年鉴，大约有900场包括古典音乐和其他类型的循环表演，其中许多节日得到中央政府（上文已经提到的INAEM）或地方或自治区当局的直接支持。

INAEM 通过音乐及舞蹈局，支持在本国领土和国外举办大量的节日和比赛，如桑坦德国际音乐节、圣塞瓦斯蒂安音乐之夜、塞维利亚弗拉门戈双年展或赫雷斯音乐节。在爵士音乐领域，有圣塞瓦斯蒂安音乐节、戈乔音乐节、特拉萨音乐节；在古代音乐领域，有阿兰胡埃斯或萨莫拉圣周；在舞蹈领域，值得一提的是一些比赛，如西班牙舞蹈比赛和马德里弗拉明戈舞和当代舞比赛。

（三）剧院

西班牙剧院共分为五种类型：公共剧院，由地方政府拥有，占全年演艺活动场所总数的 60%，是西班牙地方表演艺术领域的主体；中央公共剧院，通常预算超过 50 万欧元，取决于上级机构；具有高补贴的私人剧院，拥有边缘剧院[①]和一些带有象征性节目或艺术项目的空间；"商业"私人剧院，门票至少占其收入的 50%，并且实际上都位于马德里和巴塞罗那；最后，是可以充当剧院的由非营利实体管理的演艺场所。

除了这些差异之外，剧院还有一些共同的特点：对话戏剧[②]（Teatro de Texto）在剧院的演出中大量存在，门票价格几乎都是一样的。从地域角度来看，有必要将马德里和巴塞罗那存在的剧院整体体系与一些拥有多个剧院的大城市以及拥有专业舞台单一场地的绝大多数西班牙城镇体系区分开来。

西班牙戏剧领域的舞台并不青睐新的和现代化的设施。在西班牙，国家最重要的剧院大多集中在马德里和巴塞罗那，但完全由 INAEM 拥有（与国家行政总局直接相连）的剧院都在西班牙首都。就公有制而言，与 INAEM 和西班牙文化与体育部有联系的西班牙皇家院、音乐厅、巡回演出和艺术节，依靠国家行政总局、地区政府或地方政府。2016~2019 年按所有权类型划分的剧院场馆数量详见图 7-5。

---

① 边缘剧院指主要剧院之外的剧院，通常在风格或主题上都是小规模的和非传统的。
② 以对话形式表演的戏剧。

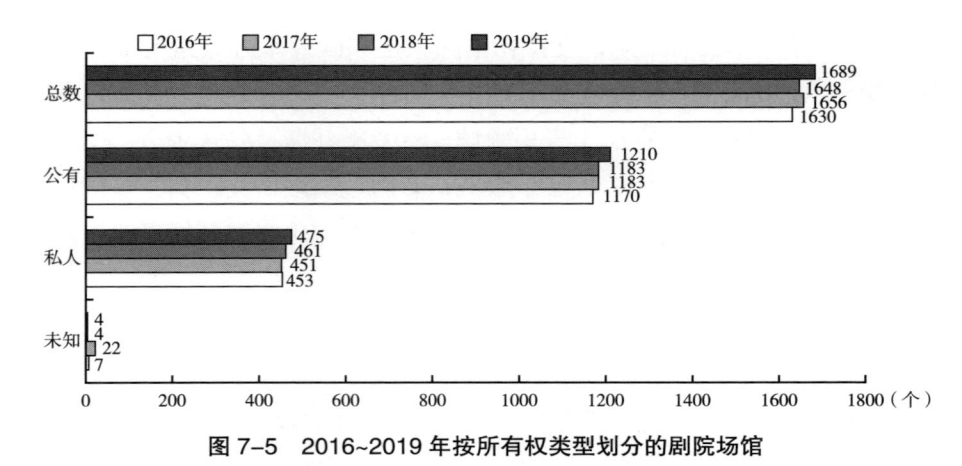

```
             □2016年  ■2017年  ■2018年  ■2019年
                                              1689
  总数                                       1648
                                              1656
                                            1630
                                    1210
  公有                              1183
                                   1183
                                  1170
           475
  私人     461
           451
           453
        4
  未知  4
        22
        7
    0    200   400   600   800  1000  1200  1400  1600  1800（个）
```

图 7-5　2016~2019 年按所有权类型划分的剧院场馆

资料来源："Anuario de Estadísticas Culturales 2020，" Ministerw de Cultural y Deporte。

西班牙公共机构拥有的主要国家级别的剧院有：

- 马蒂奥·玛丽亚·格雷罗剧院（马德里）（Teatro María Guerrero）
- 瓦莱因林剧院（马德里）（Teatro ValleInclán）
- 喜剧剧院（马德里）（Teatro de la Comedia）
- 萨苏埃拉剧院（马德里）（Teatro de la Zarzuela）

市议会拥有的剧院有：

- 西班牙剧院（马德里）（Teatro Español）
- 艾尔帕丽丝马戏团（马德里）（El Circo Price）
- 费尔南·戈麦斯剧院（马德里）（Teatro Fernán Gómez）

自治区政府拥有的剧院有：

- 运河剧院（马德里自治区）（Teatros del Canal）
- 加泰罗尼亚国家剧院（加泰罗尼亚政府）（Teatre Nacional de Catalunya）

另外，以公共合作为基础的剧院的所有权被分散到多个组织机构，如马德里的阿巴迪亚剧院（Teatro de la Abadía）或巴塞罗那的优雷剧院（Teatro Lliure）、弗洛雷斯舞蹈艺术中心（Centro Coreográfico el Mercat de les Flors）。另一个例子是马德里的皇家抒情剧院和巴塞罗那的利西奥大剧院（Gran Teatre el Liceu），其拥有来自地方、自治区和 INAEM 的交叉融资。但除此之外，几乎所有其他西班牙剧院都是私人的，由大公司或小公司拥有，这些公司有时会申请国家行政总局提供的公共补贴，基本上由 INAEM 管理。

西班牙私人机构管理的剧院有：

- 维多利亚剧院（巴塞罗那）（Teatro Victoria）
- 戈雅剧院（巴塞罗那）（Teatro Goya）
- 蒂沃利剧院（巴塞罗那）（Teatro Tívoli）
- 蒂特雷纽剧院（巴塞罗那）（Teatreneu）
- 格雷克剧院（巴塞罗那）（Teatre Grec）
- 克利塞姆演艺剧场（巴塞罗那）（Coliseum）
- 国会大厦俱乐部演艺剧场（巴塞罗那）（Club Capitol）
- 罗密亚剧院（巴塞罗那）（Teatre Romea）
- 马奎那剧院（马德里）（Teatro Marquina）
- 拉拉剧院（马德里）（Teatro Lara）
- 伽利略剧院（马德里）（Teatro Galileo）
- 费加罗剧院（马德里）（Teatro Fígaro）
- 贡戈拉剧院（科尔多瓦）（Teatro Góngora）
- 玛丽亚·克里斯蒂娜音乐厅（马拉加）（Sala María Cristina）

此外应当指出，西班牙戏剧界分为剧院和基金会，剧院由一群致力于组织和表演不同戏剧的演员和技术人员组成，并为多个戏剧学校提供专业人员的培训。

根据创作和舞台制作水平，可以大致将剧院所在自治区分为三类。

- 创作和舞台制作水平高的自治区（400多家公司）：马德里、巴塞罗那和安达卢西亚。
- 创作和舞台制作水平中等的自治区（100~400家公司）：巴伦西亚、加利西亚、卡斯蒂利亚－莱昂、巴斯克和卡斯蒂利亚－拉曼查。
- 创作和舞台制作水平低的自治区（不到100家公司）：其余地区。

除此之外，节庆活动同样在戏剧领域起着重要作用。

超过一半的演艺类节庆活动举办没有超过十年，这种蓬勃发展的势头，在拥有25000~200000名居民的小的直辖市和大城市中日益盛行。在小型城市中，庆祝节日意味着可以观看到由于其独特性而广为人知的一批人的表演，并使获取大量的观众和资金资源成为可能。

在马德里和巴塞罗那，小型和独立的节庆活动（通常是私人所有制的）的出现，其原因在于集聚性和利益的多样性，以及在演艺领域脱颖而出的需求。但是，公共部门的存在对于这些节庆活动的生存总是非常重要的。首先，65.6%的节庆活动是由公共财产资助的，主要由市政负责。同样，虽然25%的节日依赖非营利组织和9.4%的私营公司，但其最终还是需要公共捐款的。无论如何，活动越重要，规模越盛大，获得的其他资金就越多。在大型节庆收入中，公共补贴占46.6%，而赞助占20.6%，服务和其他收入占16.9%，门票占15.8%。

这些活动的平均持续时间为十天，根据其重要性和认可程度，这一期限可以延长。季节对节庆活动的影响不太明显，因为夏季只集中了30%的节庆活动。演出的主要类型是戏剧（75.8%），其次是舞蹈（11.2%）、马戏和其他艺术类型（9.2%），最后为抒情剧（3.9%）。只有在大型节日里，舞蹈才能成为主导（27.1%），成为能够替代戏剧主导地位的唯一真正专业化选择。

应该说，重大节庆活动实际上是许多观众观看与其自身现实文化无关的节目的唯一可能。外国作品占比约为27.6%，相比之下，自治区本身作品的比例为31.8%，西班牙其他地区为40.6%。

重要的戏剧节如下：

- 阿尔马格罗国际古典戏剧节（Festival Internacional de Teatro Clásico

de Almagro）
- 梅里达古典戏剧节（Festival de Teatro Clásico de Mérida）
- 特雷加戏剧博览会（Fira de Teatre al Carrer de Tárrega）
- 伊比利亚美洲卡迪兹戏剧节（Festival Iberoamericano de Teatro de Cádiz）
- 阿利坎特当代作家西班牙戏剧展（Muestra de Teatro Español de Autores Contemporáneos de Alicante）

（四）剧院补贴

如上所述，西班牙戏剧界严重依赖来自 INAEM 和文化与体育部的公共补贴。INAEM 作为理事机构存在，在其内部，戏剧分局（Subdirección General de Teatro）负责向所有这些完全整合的项目提供补贴，即向这些机构、基金会、节日等提供补贴。表 7-4 显示了每个自治区收到的名义赠款的分配情况。

表 7-4 2017 年西班牙各自治区剧院补贴情况

单位：欧元，%

自治区	剧院补贴	占比
安达卢西亚	17000000	6.13
阿拉贡	—	0
加那利群岛	—	0
坎塔布里亚	—	0
卡斯蒂利亚－拉曼查	65406000	23.57
卡斯蒂利亚－莱昂	—	0
加泰罗尼亚	88812000	32
马德里	54412000	19.61
巴伦西亚	16343000	5.89
埃斯特雷马杜拉	18750000	6.76
加利西亚	—	0

续表

自治区	剧院补贴	占比
巴利阿里	—	0
拉里奥哈	—	0
穆尔西亚	—	0
纳瓦拉	—	0
巴斯克	—	0
阿斯图里亚斯	—	0

资料来源：根据公开资料整理。

在这些补贴中，最突出的经济投资是公共援助。剧院分局负责传票和申请，根据公布的标准进行评估。表 7-5 显示了 2017 年西班牙剧院根据不同种类的活动申请的补贴数量、受到的资助数量和数额的情况。

表 7-5 2017 年西班牙剧院收到的赠款情况

单位：个，€

类别	申请数量	资助数量	数额
剧院全国巡回演出	315	182	2291158
新剧院全国巡演项目	10	5	50000
自治区剧院全国巡演项目	4	2	102100
国家级私人剧场项目	63	55	581100
双年展	42	29	1589200
剧院海外巡演	103	69	544100
剧院海外生产	10	4	44300
节庆、博览会、展示、旅游及其他剧院活动	84	59	1160800
对具有国家范围和国际影响力的协会、联合会和同盟会的援助	22	18	525400
马戏团全国巡演	54	39	536500
马戏团海外巡演	26	21	214000
节庆、博览会、展示、旅游及其他马戏团活动	36	26	294400
对与岛屿（自治区）、休达和梅利亚联系的戏剧、马戏团活动的额外援助	—	—	—
对表演字幕的额外援助	—	—	—
总计	769	509	7833058

注：根据公开资料整理。

除了这些补贴和赠款外，INAEM 多年来一直在实施"戏剧总计划"（Plan General del Teatro）。该倡议是由一个由该部门主要协会组成的委员会制定的，并由 INAEM 负责协调。其于 2008 年正式实施，"戏剧总计划"对西班牙的戏剧部门进行了分析，并阐明了在创作、制作、发行和展览领域提出的建议。该计划为边缘剧院、街头剧院、非专业剧院和面向儿童和青年的剧院制定了特别规划。该计划是 INAEM 对戏剧这一领域主要问题的回应，随着经济危机和文化增值税提高到 21%，戏剧领域的问题也越来越严重。2016 年，"戏剧总计划"中规定的一些内容涉及以下一些举措：

- 为从事儿童和青少年项目的表演艺术公司提供资金支持，例如，到 2016 年共发放了 496 笔赠款，其中 243 笔赠款（48.99%）被用到儿童和青年的项目；
- 通过 Teatro.es 网络门户网站获取戏剧文档的访问；
- 通过表演艺术经理人协会（ADGAE，Asociacion de Erupresa de Distribucion y Grestion de las Artes Escenicas）的协助，促进戏剧管理方面的专业培训；
- 通过 Platea 计划，建立适当的分销和展览系统；
- 通过 Iberescen 计划的补贴，为西班牙剧院开拓海外市场提供补助。

（五）戏剧文献中心

戏剧文献中心是一个依赖 INAEM 的机构。其主要目的是收集、保存并提供给研究人员和专业人员所有由表演领域产生的艺术材料、统计数据等。通过考虑不同的形式和方式，以及参与其中的各个部门，从历史和现实角度出发，将西班牙戏剧及其历史在国内外传播。

该中心与许多其他公共和私营机构合作一起努力实现这些目标。因此，近年来，它与西班牙国家图书馆、塞万提斯虚拟图书馆、安达卢西亚表演艺术文献中心、蒙得维的亚国家剧院文献中心、马德里康普斯顿大学、国立远程教育大学、皇家戏剧艺术高等学院、国家戏剧研究院（教科文组织）、加泰罗尼亚戏剧企业家协会、作家协会、演员联盟、舞台导演和编辑协会、戏剧作家协会、艺术家和表演者管理协会（AISGE）、梅尔卡特斯委员会、阿尔马格罗古典戏剧节、梅里达古典戏剧节、西班牙文艺博物馆中心等机构合作开展不同项目。

（六）舞蹈

总的来说，西班牙舞蹈界的情况可以被认为是相当不稳定和自我剥削的。西班牙独立创造观察组织（OCI，Observatorio de Creación y Cultura Independientes）主任费蒂玛·安洛（Fátima Anllo）发表了一份关于2013~2017年独立舞蹈西班牙公司状况的报告。费蒂玛·安洛在这份报告中坚称，在整个危机期间，几乎85%的舞蹈表演都是由公司自己通过减少库存和降低薪金来资助的。该报告还补充说，那些仍然屹立不倒的公司以极大的不稳定性和自我剥削为代价。研究指出，现在的舞蹈公司，正如以前所理解的那样，几乎不存在。据费蒂玛·安洛说："几年前，一个团队里有编舞、艺术团体、专业分销人员和技术人员……而现在这一切已经消失，已经减少到一两个创作者来创建项目，并在需要的时候雇用其他人。"因此，现在通常的工作方式是将管理权从雇用艺术和技术人员的部门转移到分销或制作公司，并且其还处理补贴和其他行政问题。2013年33%的公司使用此管理方式，到2017年35.5%的公司采用此类外管理形式。

该报告收集了一些自相矛盾的数据。一方面，2013年舞蹈演员人数有所增加（每家公司从9.6人增加到10.3人），但这种增长归因于工作条件的巨大分散性和不稳定性。此外，每位员工的平均被雇用天数从2013年的92天减少到2017年的60天，下降了35%。另一方面，固定合约减少6.4%，临时合约减少35.4%，与不收费的志愿者和奖学金持有者这种不需要经济支出的合作增加了8%。报告还详细说明了2017年舞蹈公司通过自己的方式获得了82.1%的收入：80.4%得益于其产品和服务的销售，1.7%得益于第三方的赞助和捐款。收入的17.9%来自补贴：8.7%来自国家，7.3%来自自治区，0.8%来自县议会，1.1%来自市政厅。

2017年公司的平均年收入为69471欧元，2009年这些公司的平均收入为 364663 欧元。对于这种情况，西班牙著名文化研究员费蒂玛·安洛说："对该行业影响最大的是演出资源的消失或减少，以及市政当局合同数量的减少和这些合同报酬的减少。"研究还指出，自危机开始以来，舞蹈领域的赠款和补贴一直在减少：自 2009 年以来，总体削减率为 74.5%，自 2013 年以来为 47.5%。但受影响较大的是自治区的资助，自 2009 年以来下降了 81%，自 2005 年以来下降了 38%。面对这种糟糕的外部环境，公司面临着收入的急剧收缩，只能减少成本及库存（削减 80.8%）和薪水（自 2011 年以来降低 73%），以维持公司的活动。

除此之外，西班牙还有三个与舞蹈有关的主要机构：西班牙国家舞蹈公司、舞蹈和音乐文献中心和西班牙国家芭蕾舞公司。这三个机构是 INAEM 的组成部分，附属于音乐和舞蹈分局（General Subdirectorate of Music and Dance）。

1. 西班牙国家舞蹈公司（Compañía Nacional de Danza, CND）

该机构成立于 1979 年，由维克托·乌拉特（Víctor Ullate）担任其首任导演。目前，自 2011 年 9 月起由何·卡洛斯·马丁内斯（José Carlos Martínez）执掌的西班牙国家舞蹈公司，以促进和传播舞蹈艺术及其广泛的曲目为基础，既为西班牙舞蹈的创新创作保留了广阔的空间，又不会忘记伟大的编舞家。其理念是为了鼓励新观众接触舞蹈艺术，并促进西班牙国家舞蹈公司在国内和国际上的传播度与知名度的提高，通过在西班牙国家舞蹈公司曲目中加入其他风格，例如古典和新古典主义，同时不忽视当代和前卫的舞蹈，使其不断被赋予新的身份。

在表演方面，2017 年西班牙国家舞蹈公司的演出和巡回演出呈指数级增长，在西班牙全境进行了几次巡演，主要是在马德里，也在桑坦德（节日宫和梅南德斯·佩拉尤大学）、马略卡岛的帕尔马（主剧院）、穆尔西亚（埃斯特巴维尔加斯礼堂）和阿维莱斯（奥斯卡尼迈耶国际艺术中心）等城市有重要活动，这表明了公众日益浓厚的兴趣。

综上所述，2017 年其在 28 个不同的演出地点有 67 场演出。在西班牙演出共分布在五个自治区：马德里、坎塔布里亚、穆尔西亚、巴利阿里和阿斯图里亚斯。在国外，演出主要分布在德国、法国、奥地利和韩国等国家。观众总数为 60356 人，上座率为 93%。2018 年国内有 32 场演出，集中在穆尔西亚、马德里、坎塔布里亚、马略卡岛，国外有 32 场，集中在德国、法国、韩国、奥地利。2019 年国内有 43 场演出，主要集中在马德里、马拉加、格拉纳达、马略卡岛、潘普洛纳、拉科鲁尼亚、阿尔瓦塞特，国外有 34 场，集中在法国、德国、中国、哥伦比亚。

在预算方面，2017 年西班牙国家舞蹈公司的预算为 176.6 万欧元，与 2016 年几乎持平。在 2017 年，共有 12 个新的编舞被制作并纳入现有的剧目，共有 27 个编舞可用于直到 2017 年赛季结束。

2017 年，总计收入为 61361563 欧元，与 2016 年的 65989500 欧元的收入相比大幅下降。但自 2018 年开始逐步上升，2019 年达到 70661036 欧元（见图 7-6）。

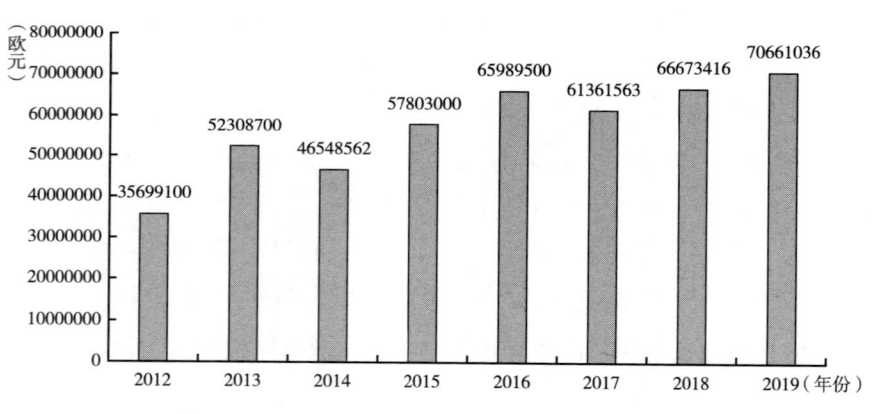

图 7-6　2012~2019 年西班牙国家舞蹈公司收入

资料来源：Memoria Anual General。

2. 舞蹈和音乐文献中心（Centro de Documentación de la Danza y la Musica)

该机构创建于 1978 年，并在 1985 年被纳入文化与体育部国家表演艺术和音乐研究所。1996 年，该中心专门成立舞蹈科，名称也改为舞蹈和音乐文献中心，从那时起，该中心依赖音乐和舞蹈分局。

其主要职能是收集、整理和传播与西班牙舞蹈与音乐这两种艺术表现形式有关的信息,开发永久更新的数据库,并向用户提供直接服务,如查询、书目指导、专门搜索等;为专业人员、研究人员和一般用户提供图书经费资助的途径。其目的是收集、分类、归类和传播与这两个艺术学科的主题或活动有关的各种文件,并提供关于现有资源的信息。

它提供的信息包含西班牙各级舞蹈活动市场主体的信息:演艺性的(稳定的公司、民间团体、舞蹈中心等)、管理性的(协会、组织、生产商、经销商等)、研究性的(文献中心、博物馆、有舞蹈基金的图书馆等)、教学性的(专业和高等音乐学院、市立学校、学院、授权舞蹈中心、大学系等)、舞台地点(剧院、礼堂、替代场地、非常规空间等)和活动(课程、竞赛、节庆等)。

3. 西班牙国家芭蕾舞公司(Ballet Nacional de España,BNE)

自成立以来,西班牙国家芭蕾舞公司一直是负责西班牙文化国际化发展的公共舞蹈公司,也是文化与体育部的国家表演艺术和音乐机构(INAEM)的制作单位之一,具有巨大的国际影响力和突出的国际年度巡演次数。该公司2011~2019年由安东尼奥·纳贾罗(Antonio Najarro)领导,[①]在此期间其被认为是西班牙舞蹈界的代表,因为它通过包括传统和前卫风格在内的不同种类的舞蹈节目,展示了世界各地最杰出的剧院中存在的所有舞蹈风格。

西班牙国家芭蕾舞公司获得了各种奖项,包括在纽约颁布的最佳外国演出评论家奖(1988年),得到了评论家和观众的国际认可。其他主要奖项包括:日本评论家奖(1991年)、墨西哥艺术剧院最佳表演奖(1994年)。另外,《国家报》(1999年)的奖项颁给《诗人》(*Poeta*)这一作品,在第六届赫雷斯电影节上由安东尼奥·加德斯(Antonio Gades)进行编舞的"Fuenteovejuna",获得了影评人奖和观众奖(2002年)。

导演安东尼奥·纳贾罗知道如何在编舞方面推广这家公司,但也支持其他举措,如支持该公司参与时装秀,在马德里的梅赛德斯-奔驰时装周进行表演。此外,他还创立了"朋友圈"(Círculo de Amigos)活动,以支持在国

---

① 自2019年9月开始领导人为鲁本·奥尔莫(Rubén Olmo)。

内外传播和了解西班牙舞蹈。

在演出和表演方面，由于西班牙国家芭蕾舞公司没有自己的舞台空间，所以没有一个稳定和明确的时间表，其表演计划取决于管理部门以及进行的国内和国际巡演，但是，萨苏埃拉剧院始终寻求每年保留 10~15 天的时间来展示任何新的或可替代的作品。

另外，2017 年西班牙国家芭蕾舞公司在国外演出了 6 场，在西班牙演出了 51 场，总共 57 场国内外演出。至于观众，增加了 9888 名海外观众和 39145 名西班牙观众，总共增加了 49033 名观众。2018 年国内演出 44 场，国外 16 场，总收入为 666734.16 欧元。2019 年国外演出 10 场，国内 30 场，观众 42212 人，上座率为 88%。

在分配给西班牙国家芭蕾舞公司的预算中，必须区分总部和国家芭蕾舞公司本身的运营预算，以及商业运营公司为巡演、新制作和现有演出维护而分配的预算。在最后一类预算中，最引人注目的是对西班牙国家芭蕾舞公司的新作品和标志性作品的维护费用。

下面列出了西班牙全国各地举行的与舞蹈有关的不同节庆活动，这些活动具有传播和扩大舞蹈艺术影响力的作用：

- 加那利群岛音乐节（Festival de Música de Canarias）
- 昆卡宗教音乐周（Semana de Música Religiosa de Cuenca）
- 流行音乐巡回演唱会（Girando por Salas- Circuito de Músicas Populares）
- 格拉纳达国际音乐舞蹈节（Festival Internacional de Música y Danza de Granada）
- 桑坦德国际音乐节（Festival Internacional de Música de Santander）
- 戛纳拉斯米纳斯国际艺术节（Festival Internacional del Cante de las Minas）
- 圣塞瓦斯蒂安音乐双周（Quincena Musical de San Sebastián）
- 弗拉门戈双年展（Bienal de Flamenco）
- 现场舞蹈巡回演出（Circuito Danza a Escena）

（七）歌剧

歌剧是在西班牙文化舞台上较少出现的表演艺术之一。虽然西班牙伟大的歌唱家，如普莱西多·多明戈（Plácido Domingo）或蒙特塞拉特·卡巴莱（Montserrat Caballé）的分量确实有助于歌剧在国内国际范围内获得极大的知名度与声誉，但是，其未来发展却具有极大的不确定性，因为它是一个价格非常昂贵的行业。

在西班牙，歌剧的演出主要集中在两个剧院：皇家剧院（马德里）和利西奥大剧院（巴塞罗那），它们有自己举办的并且国际公认的节庆活动。

关于皇家剧院，它被认为是西班牙第一个演艺机构，是西班牙主要文化机构之一。其剧目包括传统的抒情曲目和当代曲目，后者融合了20世纪的音乐和最新的前卫音乐。

皇家剧院基金会由西班牙国王掌管，文化与体育部和马德里自治区是其创始公共行政机构。其理事机构是由29名赞助人组成的董事会。董事会和执行委员会主席由董事会根据文化与体育部提议选举产生。这是一个公共基金会，民间社团大量参与其理事机构和筹资。

巴塞罗那的利西奥大剧院是巴塞罗那最古老和最负盛名的剧院，也被认为是世界上最重要的歌剧院之一。自1847年修建以来，它一直是世界最佳歌手表演其最负盛名的作品的舞台。近两个世纪以来，它一直是加泰罗尼亚权力、贵族和资产阶级的象征，在巴塞罗那造就了悠久的历史传统。利西奥大剧院是西班牙歌剧界代表之一，虽然也上演其他的剧目，但其主要以歌剧剧目而闻名。

目前，利西奥大剧院是一家公有剧院，由巴塞罗那的四个主要行政当局拥有：加泰罗尼亚政府、巴塞罗那市政厅、巴塞罗那市议会和西班牙文化与体育部。利西奥大剧院基金会负责行政管理，还包括文化艺术赞助委员会和前利塞欧大剧院公司。文化与体育部是其理事机构的一部分，其他包括联合会（执行委员会和理事会）和基金会（执行委员会和董事会）。目前，根据协议，文化与体育部的贡献率为45%。自2017年以来，INAEM对利西奥大剧院的捐款作为转移处理，而不是补贴。2017年，INAEM的捐款总额（包括特别捐款）为 10617120 欧元。

应当强调的是，它和利西奥高等音乐学院以及利西奥俱乐部在同一栋建筑中并存。该建筑没有受到过任何火灾的影响，并保留了其现代主义装饰，成为加泰罗尼亚资产阶级参与文化活动的重要历史见证。

最后，必须指出，还有其他国家级剧院提供歌剧表演，尽管其规律性和稳定性不如上述两个机构：

- 主剧院（巴塞罗那）（Teatro Principal）
- 蒂沃利剧院（巴塞罗那）（Teatro Tívoli）
- 萨苏埃拉剧院（马德里）（Teatro de la Zarzuela）
- 德洛斯卡诺斯·德尔佩拉尔剧院（马德里）（Teatro de los Caños del Peral）
- 奥维耶多歌剧节（奥维耶多）（Festival de Ópera de Oviedo）
- 索菲亚王后艺术歌剧院（巴伦西亚）（Palacio de las Artes Reina Sofía）
- 克里希奥阿尔比亚斗兽场建筑（毕尔巴鄂）（Edificio Coliseo Albia）
- 巴斯克宫（毕尔巴鄂）（Palacio Euskalduna）
- 库尔素会议中心和礼堂（圣塞瓦斯蒂安）（Palacio de Congresos y Auditorio Kursaal）

三　图书出版行业

根据西班牙第 10/2007 号法律关于阅读、书籍以及图书馆的法规对书籍的定义，西班牙语版图书也被正式编制，并附有国际标准书号。具体而言，一本书是任何科学、艺术、文学或其他相关作品一卷或多卷的单一出版物，可以以印刷或任何其他可供阅读的形式出现。因此，电子书籍和通过互联网或未来可能出现的其他媒体出版或发行的书籍都包括在内。该定义是由文化与体育部图书、阅读和西班牙文学推广处公布的。2019 年通过国际标准书号注册图书的数量约为 9 万本，同比增长约 10.9%。关于出版类型，应当指出，纸质版图书登记总数占 72.5%，65303 册是纸质书籍，24770 册（27.5%）是其他形式的书籍。在 2019 年的总注册图书中，97.3% 是初版，2.7% 是再版。关于出版社的所有权，90.4% 是由私人出版社出版的，9.6% 是公共出版。按部门分列，2019 年注册图书中最大占比为 36.3%，是社会科学和人文学科，其次是文学，占 24.3%，科技图书占 11.7%，教科书占 6.4%，儿童及青年图书占注册图书总数的 11.2%（见图 7-7）。2019 年从事出版活动的出版社数量为 3170 家，平均每家出版 28 本书。①

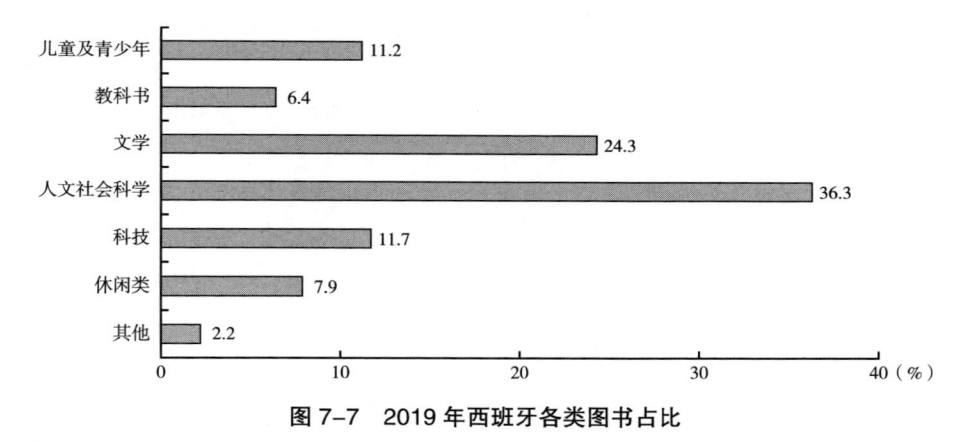

图 7-7　2019 年西班牙各类图书占比

资料来源：《文化统计年鉴 2020》。

出版部门在西班牙的经济发展中扮演着重要的角色。如文化与体育部出版的《2019 年文化统计年鉴》所示，2015~2018 年出版部门的一系列文化活动占国内生产总值的 26.24%（见图 7-8）。它也是一个重要的就业来源，2016 年为西班牙文化市场提供了 544700 个工作岗位，其中 49750 个（9.1%）与出版书籍、发行报纸和其他出版活动有关。

---

① "Anuario de Estadística Cultural 2020," Ministerio de Cultural y Deporte.

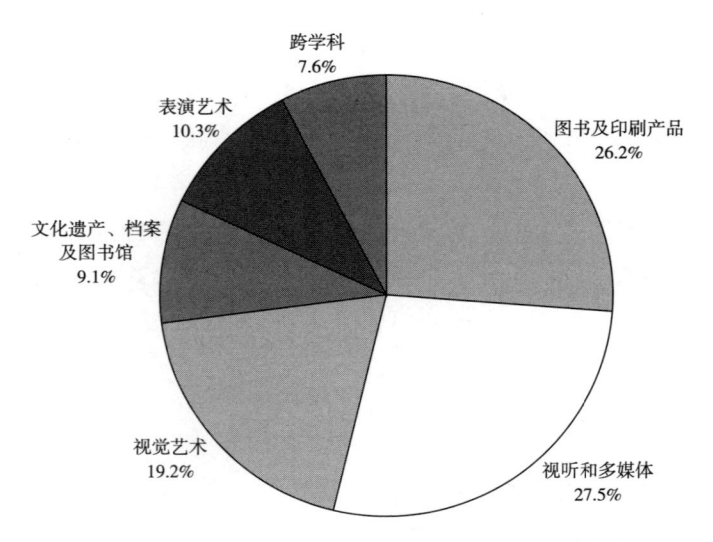

图 7-8　2015~2018 年西班牙各部门文化活动对 GDP 贡献率

资料来源：Cuenta Satélite de la Cultura en España 2019。

　　在欧洲范围内，西班牙也是在出版社净营业额方面最大的市场之一。一些重要的西班牙出版社（见表 7-6），如在 25 个国家都有分布的格鲁波·行星出版社（Grupo Planeta），或分布在 22 个国家的格鲁波·桑提拉纳出版社（Grupo Santillana），都具有国际领导性的地位。

表 7-6　2011~2019 年西班牙出版活动变化（出版社）

单位：个

年份	第一次加入出版活动的出版社	无出版活动的出版社	总数
2011	366	1024	3337
2012	368	1110	3176
2013	326	934	3071
2014	308	823	3097
2015	242	886	2963
2016	281	846	3026
2017	259	808	3033
2018	251	779	3113
2019	207	760	3170

资料来源："Panorámica de la Edición Española de Libros (MECD)," Ministerio de Culture。

西班牙是世界上最大的图书出口国之一，在拉丁美洲占有显赫地位。事实上，以墨西哥为代表的伊比利亚美洲是西班牙图书的主要出口地。目前，40家西班牙出版公司在海外设有子公司（见表7-7），其中29家是跨国公司。2016年共有201家西班牙出版社分布在全球29个国家，其中大约82%在伊比利亚美洲国家，主要包括墨西哥、阿根廷、智利、哥伦比亚和美国。

表7-7 西班牙出版社海外子公司

单位：个

欧洲	数额	伊比利亚美洲	数额	其他	数额
葡萄牙	12	墨西哥	34	美国	13
法国	1	阿根廷	27		
意大利	3	智利	15		
匈牙利	1	哥伦比亚	14		
希腊	1	巴西	12		
英国	3	委内瑞拉	10		
捷克共和国	1	波多黎各	6		
罗马尼亚	1	乌拉圭	6		
土耳其	1	哥斯达黎加	3		
		厄瓜多尔	4		
		巴拿马	3		
		秘鲁	10		
		危地马拉	4		
		洪都拉斯	3		
		多米尼加共和国	4		
		玻利维亚	2		
		萨尔瓦多	3		
		尼加拉瓜	2		
		巴拉圭	2		
总计	24	总计	164	总计	13

资料来源：西班牙出版社联合会（FGEE）。

（一）出版代理（私人/公共）

西班牙的出版业基本上由出版机构管理，分为公共出版机构和私人出版机构。2019 年有出版活动的出版社大多数为私人出版社，共 6623 家，公共出版社共 473 家。在私人出版社中，个人出版社 3759 家、小型出版社 2471 家、中型出版社 303 家、大型出版社 90 家。在公共出版社中，国家官方机构 37 家、自治区官方机构 47 家、地方官方机构 211 家、公共教育机构 102 家、公共文化机构 76 家。①

公共出版机构基本上专注公共行政出版工作。除公共教育和文化机构外，出版部门的一部分需求来自国家官方机构、自治区官方机构和地方官方机构。另外，私营出版部门包括作者出版（指编辑自己作品的作者）、小型出版社（全球图书出版不超过 100 本）、中型出版社（全球图书出版在 100~1000 本）以及出版超过 1000 本的大型出版社。

（二）个人出版

在谈到私营部门时，个人出版活动是与当前出版业发展相关的最重要的现象之一。尽管个人出版已经存在多年，但技术发展使得没有国际标准书号发行的作品进入商业领域的数量大幅增加，许多个人出版平台已经决定取消这一要求。就西班牙而言，2017 年底，咨询公司 Arantxa Mellado 根据西班牙出版社协会联合会（FGEE，Federation of Publishers Guilds of Spain）的数据，在其博客 Actualidad Editorial 上发表的文章提及，预计西班牙个人出版总市场的份额将为 7.9%，如果加上所谓的隐形个人出版数据，这个比例可能会上升到 15%，所谓的隐形个人出版指的是作者所属出版社没有发行 ISBN 的版本。根据这一估计，一般出版物（儿童和青少年书籍、小说和非小说）的个人出版市场份额将在 17% 至 22.9% 之间。

另外，由于这种现象越来越普遍，这种图书在当今世界许多重要的书展上出现。法兰克福书展（德国）中就有这种情况，该书展已开始将其展馆中

---

① "Panorámica de la Edición Española de Libros 2019," Ministerio de Culture.

的一个重要位置分配给个人出版领域的代理商，而国际图书博览会（Liber）在近一届展会中也为个人出版的展示提供了空间。同样，专门分析个人出版状况的专业会议，如每年在塞维利亚举行的桌面出版大会，并没有停止发展。

（三）出版部门的活动

西班牙出版部门的活动还呈现以下特点：西班牙图书出版主要在马德里和加泰罗尼亚。鉴于每年注册的国际标准书号数量很多，而且其平均发行量和翻译图书数量通常都具有优势，两者都呈现一种全球化的出版结构。相关研究显示，2016年，两个自治区共出版了52189本图书，占全国图书总数的60.7%。此外，马德里、巴塞罗那和安达卢西亚是注册出版社数量最多的自治区（马德里70家，巴塞罗那61家，安达卢西亚30家）。尽管这三个自治区在西班牙出版市场占据重要地位，但西班牙出版市场是多样化的，全国各地都存在竞争。西班牙出版社协会联合会的数据显示，只有29.3%的西班牙出版社属于商业集团，这意味着西班牙出版行业主要由中小型公司组成。数据还表明，2016年中小型公司占总额的38.4%（分别为25.9%和12.5%），而大型公司达到22.3%，超大型公司占39.3%。与前一年相比，所有类型的出版社数量都有所增长。大型出版社大幅增长3.9%，中型出版社增长2.7%，小型出版社增长2%。2017~2019年西班牙各自治区出版图书数量详见表7-8。

表7-8　2017~2019年西班牙各自治区出版图书数量（获得ISBN）

单位：本

自治区	2017年	2018年	2019年
安达卢西亚	13748	14721	14973
阿拉贡	1201	1437	1831
阿斯图里亚斯	780	840	867
巴利阿里群岛	774	754	793
加那利群岛	687	974	1139

续表

自治区	2017 年	2018 年	2019 年
坎塔布里亚	323	704	351
卡斯蒂利亚－莱昂	1322	1298	1430
卡斯蒂利亚－拉曼恰	1018	1170	1069
加泰罗尼亚	30787	18539	25645
巴伦西亚	5955	6663	6977
埃斯特雷马杜拉	587	541	826
加利西亚	2172	2504	2049
马德里	26350	27004	27500
巴斯克地区	2565	2124	2542
其他	8385	9673	10387
总数	96654	88946	98379

资料来源：《文化统计年鉴2020》。

（四）西班牙出版商协会[①]

西班牙出版商协会创立于1978年，是一个专业非营利性协会，代表和捍卫了西班牙出版业的总体利益，其最高的理事机构是董事会和协会大会，由协会主席主持。主席每三年选举一次。此外，秘书处的设立确保了董事会和协会大会通过议案的充分执行。该机构现今共有马德里出版商协会、加泰罗尼亚出版商协会、巴斯克自治区出版商协会、国家图书出版商和教学材料协会、卡塔卢尼亚语出版商协会、安达卢西亚出版商协会、加利西亚出版商协会、卡斯蒂利亚－莱昂出版商行业协会和巴伦西亚出版商协会9个协会，必须按照协会章程行事。

西班牙出版商协会共有八个目标：

- 在国内、欧洲和国际范围内，在出版业所有活动的价值链中，作为西班牙出版商统一和联合的代表并捍卫他们的共同利益；

---

① 甄云霞、张楚月：《西班牙出版业：采取多项举措探索复苏之路》，《国际出版周报》2020年7月6日，第5版。

- 在国内、欧洲和国际范围内,促进西班牙语出版物的翻译,提升文化影响力;
- 加强西班牙出版业的经济和商业结构特性;
- 在国内、欧洲和国际上作为上述目标的统一和联合代表,在不削弱其主动性的前提下,协调各个协会活动;
- 为了最好地实现目标,直接管理出版部门感兴趣并存在共同利益的事务,并协调各个工会和协会;
- 协会同样履行各地方协会章程中设立的目标,尤其是在保护和促进各区域和各领域的语言和文化发展方面;
- 所有协会成员代表,要在现行法律下捍卫其共同的职业、商业、经济、社会、文化等共同利益,开展工会行动和参加集体协商;
- 组织协会成员参加国际博览会、贸易活动以及任何有益于图书出口的必要活动。

此外,西班牙出版商协会的短期目标在于促进西班牙出版商参加国际书展,出版和传播用于推广其出版商和图书的推广材料。长期目标在于促进西语图书自由贸易区的形成,保护和促进西班牙语的传播,以及规范图书的贸易和生产。近日,西班牙出版商协会回顾了2019年参与的主要活动,主要围绕推广图书和阅读、国内图书贸易、国外西班牙图书贸易、知识产权、出版商服务、国际代表以及集体协议和其他协会的联系这七个方面。

西班牙出版市场成为世界出版界的主要参与者,但是其阅读状况并不乐观,这也是其他很多国家面临的问题。主要原因有两个,一是出版的图书远远多于该国读者的需求,二是出版需要与其他的娱乐活动争夺时间和吸引读者兴趣。2019年,通过与政府部门、教育界、文化界领导、专家的探讨,西班牙出版商协会提出"振兴国内阅读"和"西班牙文学国际推广"的计划。

(五)知识产权

有关管理机构管理的知识产权信息由知识产权局提供,并可直接从知识产权部门获得。2019年所有知识产权管理机构收取的总金额在西班牙达到7354.3万欧元，国外收入达到3614.6万欧元。按机构类型，该收入的32.2%属于作家知识产权管理机构，艺术家和表演者知识产权管理机构占34.1%，视听产品制作者知识产权管理机构占33.6%。2019年，这些机构的成员总数约为21万人。性别分布如下：妇女占24.1%，男子占75.9%。统计结果表明，2019年知识产权首次注册数量达到28219件（见图7-9）。文学及科技类作品占74.4%，音乐作品占15%。在注册机构中，首次注册数量最多的是马德里注册局和中央注册局，分别占所有首次注册的25.4%和19.6%。这些注册的知识产权所有者中有97.2%属于其作者，而其他原持有者（自然人，被赋予一系列创作特权）则占2.8%。

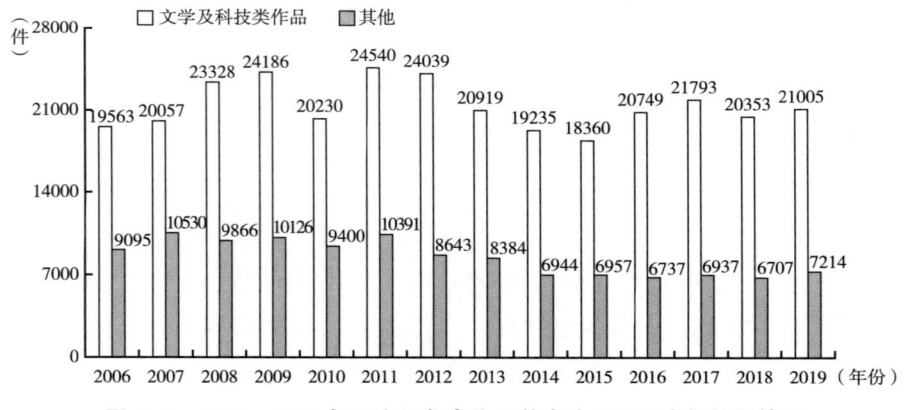

图7-9　2006~2019年西班牙各类作品首次注册知识产权数量情况

资料来源："Anuario de Estadísticas Culturales，" Ministerio de Cultural y Deporte。

（五）图书馆

研究结果表明，2018年西班牙图书馆数量为6458个（见表7-9），平均每10万居民拥有13.8个图书馆，平均每个图书馆有1.3个服务点。62%的图书馆是公共图书馆，拥有一般性馆藏，提供文化、教育、娱乐和社会信息服务，所有公民都可以使用。专业图书馆的藏书涉及某一特定学科或领域，占总数的 30.7%。4.2% 为高等教育院校图书馆，3.1% 为特定用户群体图书馆。注册用户比 2016 年减少 2%，达到 2180 万人，2018 年图书馆访问量为 1.978 亿次。

表 7-9　西班牙各自治区图书馆分布（2018 年）

单位：个

自治区	图书馆数量
安达卢西亚	968
阿拉贡	320
阿斯图里亚斯	134
巴利阿里	133
加那利群岛	169
坎塔布里亚	99
卡斯蒂利亚－莱昂	517
卡斯蒂利亚－拉曼查	561
加泰罗尼亚	850
巴伦西亚	594
埃斯特雷马杜拉	481
加利西亚	476
马德里	534
穆尔西亚	100
纳瓦拉	129
巴斯克	312
拉里奥哈	62

资料来源："Anuario de Estadísticas Culturales 2020，" Ministerio de Cultural y Deporte。

在图书馆所有权方面，2018 年西班牙有 4073 个图书馆属于地方，占到总数的约 63%，其次为私人图书馆，为 785 个，自治区图书馆为 694 个，大学图书馆为 158 个（见图 7-10）。

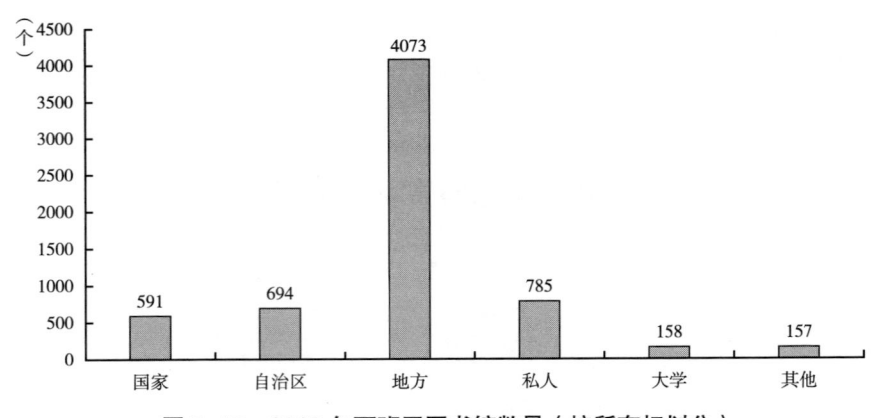

图7-10 2018年西班牙图书馆数量（按所有权划分）

资料来源："Anuario de Estadísticas Culturales 2020," Ministerio de Cultural y Deporte。

四 电子游戏行业

在欧洲大陆内，西班牙是一个电子游戏消费大国，仅排在德国、英国和法国之后，位列第四名。根据《分析电子游戏产业对国家账户影响的经济报告2018》（"El Sector de los Videojuegos en España: Impacto Económico y Escenarios Fiscales 2018"），电子游戏产业占西班牙GDP的0.11%。此外，在电子游戏行业中每投资1欧元，整个经济被拉动3欧元，其他行业会被带动2.6个就业机会，电子游戏行业直接雇用9000名员工，会对该行业产生35.77亿欧元的经济影响，创造22828个工作岗位。

2019年，电子游戏行业在西班牙创造了14.79亿欧元，其实体店销售额总计为7.54亿欧元，在线销售额总计为7.25亿欧元，达到历史性水平。

西班牙电子游戏协会（AEVI，Asociación Española de Videojuegos）对这些数据给予了积极评价，这些数据说明西班牙电子游戏行业具有发展前景，该行业在业务量方面重新确立了其在全球十大国家中的领导地位。

此外，数据还表明电子游戏行业是一个继续引领西班牙文化产业和技术发展的行业，创造了9000多个优质工作岗位，在数字经济中发挥着关键作用,并且在教育健康等其他领域的占有率不断提高。

具体来说,2019 年共售出 840 万个电子游戏、110 万个电子游戏机和 420 万个配件,电子游戏手柄再次成为西班牙电子游戏玩家最常使用的设备。此外,应用程序(App)销售的显著增长(24%)凸显了与手机和平板电脑相关的数字市场的重要性。

已超过 1500 万人的电子游戏玩家,大约一半的人年龄在 6~64 岁,女性玩家的数量占比显著,占总数的 42%,而电子竞技爱好者的人数则增加到 290 万人。排在前三最受欢迎的电子游戏类型为动作类、体育类、角色扮演类(见表 7-10)。

此外,西班牙人平均每周花 6.7 个小时参加这项活动,但仍略低于其他国家,例如英国 11 个小时,法国 8.6 个小时或德国 8.3 个小时。①

表 7-10 2019 年西班牙最畅销电子游戏(排名前十)

排名	电子游戏名称	电子游戏开发公司
1	Fifa 20	Electronic Arts
2	Grand Theft Auto V	Rocksar Games
3	Fifa 19	Electronic Arts
4	Mario Kart 8 Deluxe	Nintendo
5	Pokémon Espada	Nintendo
6	Red Dead Redemption 2	Rockstar Games
7	Call Of Duty:Modern	Activision Blizzard
8	Luigi´s Mansion 3	Nintendo
9	Super Mario Maker 2	Nintendo
10	Pokémon Escudo	Nintendo

资料来源:*La Industria del Videojuego en España Anuario 2019*。

2019 年西班牙电子游戏行业公司按自治区的分布情况见表 7-11。

---

① AVEI 官网,http://www.aevi.org.es/la-industria-del-videojuego/en-espana/。

表 7-11　2019 年西班牙电子游戏行业公司分布（按自治区）

单位：%

自治区	占比
加泰罗尼亚	28
马德里	24.7
安达卢西亚	15.7
巴伦西亚	12.2
巴斯克	3.7
阿拉贡	2.3
阿斯图里亚斯	2.1
穆尔西亚	2
加那利群岛	1.9
卡斯蒂利亚 - 莱昂	1.5
加利西亚	1.5
巴利阿里	1.4
卡斯蒂利亚 - 拉曼查	1.1
坎塔布里亚	0.8
纳瓦拉	0.5
拉里奥哈	0.3
埃斯特雷马杜拉	0.3

资料来源：https://es.statista.com/。

2019 年从事电子游戏开发和生产的公司达到 520 家（见图 7-11），80% 的企业是在过去十年创建的。电子游戏行业的未来发展存在不确定性。其增长潜力巨大，已经注册了约 250 个项目，等待建立为法人实体。但是，有 100 家公司没有任何活动，因此可能会有消失的风险。在过去的十年中，公司数量的大幅增长与有利于可持续增长的并购并没有齐头并进。结果是产生了极度两极分化的结构，由广泛的微型企业组成。61% 的公司收入低于 20 万欧元，而 75% 的公司员工人数少于 10 人。

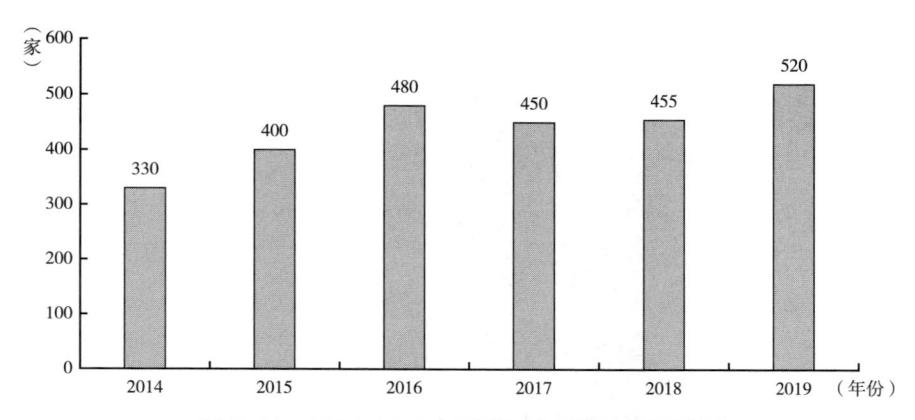

图 7-11　2014~2019 年西班牙电子游戏公司数量

资料来源：*La Industria del Videojuego en España Anuario 2019*。

西班牙电子游戏生产商 2018 年的营业额为 8.13 亿欧元，比 2016 年增长 14%。2018 年，公司员工的数量增加了 8.9%，达到 6900 名。营业额预计将以每年 10.7% 的速度增长（根据 2018~2022 年的年均增长率得出），到 2022 年将达到 12.23 亿欧元。可以估计就业的复合年均增长率（2018~2022 年）为 12.2%，到 2022 年可以创造 1.1 万个直接就业岗位。

然而，这种增长在很大程度上要归功于大型企业。营业额超过 5000 万欧元的公司占该行业营业额的 44%。此外，46% 的工作岗位是由员工数超过 50 人的公司提供的。

另外，营业额低于 200 万欧元、雇员少于 10 人的微型企业加起来只占营业额的 8% 和就业的 7%。

电子游戏产业是一个高度出口的产业，65% 的收入来自国际市场（见图 7-12）。考虑到亚太地区在全球电子游戏消费方面的主导地位，西班牙企业在此市场上还有很大的增长空间。

据《2019 年西班牙电子游戏发展白皮书》，电子游戏开发和生产行业再次被确认为是一个集中优秀年轻人的就业领域：2019 年，49% 的员工年龄在 30 岁以下，只有 3% 的员工年龄在 45 岁以上；71% 的人接受过高等教育，23% 的人接受过中等教育；65% 的工作签订的是无限期合同。

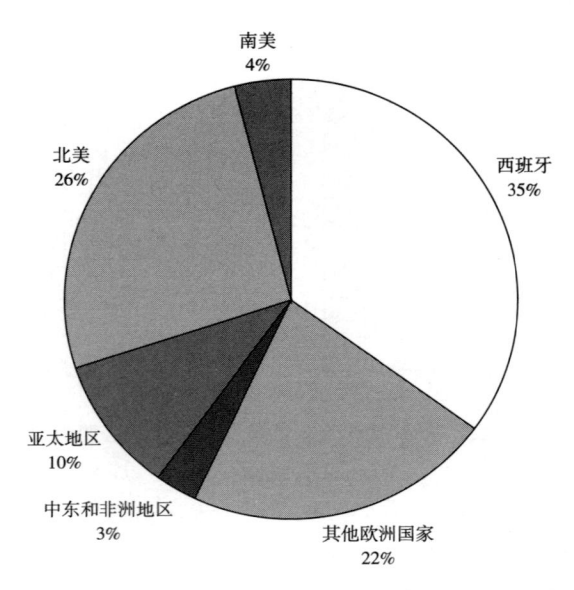

图 7-12　2019 年西班牙电子游戏产业收入来源（按地区）

资料来源：《文化统计年鉴 2020》。

关于职业类别，程序员在就业排行榜上排第一名，占行业工作岗位的 26%，占提供岗位数量的 27%，其次是艺术类，占行业岗位数量的 17%，占提供岗位数量的 24%。女性在电子游戏行业的就业率只有 16%，这与游戏玩家方面性别的平衡形成了鲜明对比。

尽管西班牙有大量的与游戏相关的学士学位、硕士学位，还有相关的职业培训和课程，但该领域 57% 的公司仍然难以在市场上找到拥有合适能力、受到过良好培训的就业者。这主要是因为缺乏经验丰富的专业人员，以及他们所接受的培训过于笼统。

研究发现，在那些很难招到合适的就业人员的岗位中，编程岗位排名第一，其次是与游戏设计、营销和分销、艺术、项目生产和管理相关的岗位。

平均而言，公司 93% 的资金来自创始合伙人。尽管近年来外国资本有所增长，但平均仅占西班牙公司资本存量的 17%。69% 的公司由于其活动而实现了自筹资金。58% 的西班牙电子游戏公司有机会向投资者展示他们的项目。对于 86% 的公司来说，所需资金不足 60 万欧元。

西班牙电子游戏行业是欧洲第四大市场，也是世界第九大市场。尽管如此，西班牙的电子游戏开发和生产行业的市场规模仍远未达到和其市场排名相当的规模。主要生产国平均每个公司营业额远远高于西班牙（芬兰约为其 6 倍，美国约为其 8 倍）（见表 7-12）。

表 7-12 主要国家的游戏产业情况

单位：个，百万欧元

国家	公司数量	收入	平均每个公司营业额
美国	3000	40.150	13.4
法国	700	3.677	5.3
加拿大	692	3.600	5.2
芬兰	220	2.150	9.5
瑞典	384	1.872	4.9
德国	520	1.820	3.5
英国	2261	1.720	0.8
西班牙	520	813	1.6
荷兰	575	300	0.5
波兰	400	258	0.6
罗马尼亚	103	170	1.6
丹麦	186	123	0.7
捷克	76	88	1.15
斯洛伐克	38	57	1.5
挪威	180	55	0.3
比利时	75	43.6	0.6
奥地利	90	25	0.3
意大利	120	—	—

资料来源：《2019 年西班牙电子游戏发展白皮书》。

公共扶持是一个重大挑战，因为到 2018 年，只有 27% 的企业从某个扶持计划中受益。从企业受到援助的情况来看，就会发现一个令人担忧的下降趋势：2013 年，这一比例为 44%，而 2018 年仅为 27%（见图 7-13）。2018 年电子游戏工作室获得的公共扶持主要是自治区的支持和研发活动的税收减免。

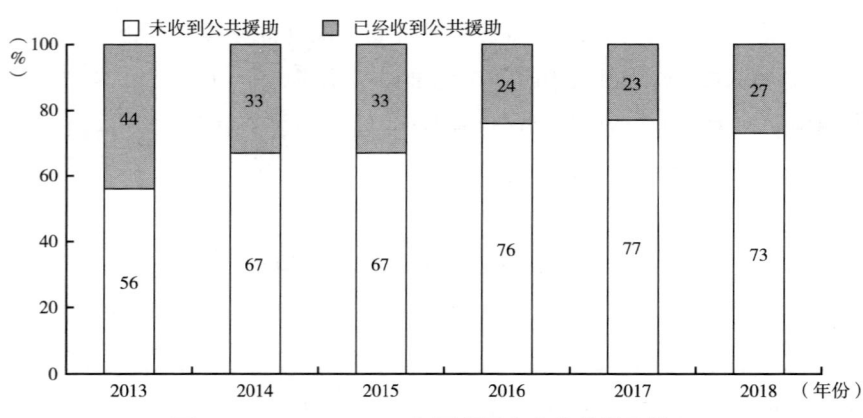

图 7-13　2013~2018 年西班牙企业公共援助情况

资料来源：《2019 年西班牙电子游戏发展白皮书》。

电子游戏部门是文化和创意产业的一个战略部门，因为它是技术和文化的交汇点。电子游戏是文化、游戏和娱乐的平台，融合了现有艺术的精华，结合了图像、声音和文学，并具有互动性的特点。

基于这一战略性质，西班牙教育、文化与体育部一直在努力实施旨在加强西班牙电子游戏产业的措施。这些措施旨在整体促进和振兴文化和创意产业，特别是电子游戏，并通过与财政部的合作改善该部门的税收。

这些战略中最重要的项目之一是为西班牙的电子游戏部门举办一个永久的促进国家行政当局和自治区之间双方交流对话的会议（mesa de trabajo）。它是在 2017 年 7 月 10 日在马德里举行的教育、文化与体育部门会议全体会议上设立的，其目标如下：

- 与电子游戏部门合作制订特定的开发计划，在西班牙创造和生产电子游戏，其目的是使西班牙电子游戏行业处于有利竞争地位，提高竞争力，使现有公司实现可持续发展，并能够吸引本国和国际资本；
- 分析为西班牙电子游戏产业的创造和生产以及吸引国际项目而制定税收优惠政策的收益性；
- 在未来的《艺术家和创作者法令》中将电子游戏创作者纳入其中，

该措施将包含缓解艺术家和创作者非正规收入的间歇性、暂时性、流动性和特殊性的措施，根据需求制定税收规定；
- 促进针对电子游戏行业的持续培训计划的实施，重点放在该行业的特定技术领域：软件开发、货币化、设计与艺术、市场营销等；
- 推行有效的政策，协助招聘不同教育程度的员工；
- 与其他国家签订协议，方便人员交流。

据西班牙电子游戏协会（AEVI）估计，到2019年，电子竞技会为西班牙创造3500万欧元的收入。这是一个处于经济发展初期的行业，预计在未来几年将有显著增长。虽然西班牙的电竞行业在收入方面远远落后，但西班牙的电竞比赛普及率高于周边大多数国家。2016年西班牙电子竞技的收入为1450万欧元。2019年该行业的收入为3500万欧元，三年内增长了141%。西班牙占全球电子竞技经济的4%左右。电子竞技的大部分收入来自广告和赞助。根据互联网广告局（IAB）的数据，2019年西班牙电子竞技的广告投资约为2250万欧元。AEVI估计，该行业雇用了大约600名员工，其中包括250名专业电子游戏玩家，这一数字是2018年之前估计的300名员工的两倍。[①]

虽然西班牙人口世界排名第30位，但是西班牙有290万的电竞爱好者，电子竞技观众数量位列世界第12。这些比赛的爱好者是成年人：55%的观众年龄在25岁以上。西班牙是欧洲女性电子竞技观众比例最高的国家（36%）。这些受众的特点是偏于消费在线内容，而不是通过传统渠道。

电子游戏比赛虽然得到了快速发展，但因其自身的特殊性，电子游戏行业需面对并克服一系列挑战，以便在有利的条件下继续发展。以下是其中一些仍然存在的挑战：

- 公众人物、投资者和赞助者等对电子游戏行业的认识和理解程度仍然很低。此外，媒体对西班牙游戏玩家和游戏公司的比赛成就的宣

---

① "Los Esports en España: Situación Actual y Posición de la Industria," http://www.aevi.org.es/web/wp-content/uploads/2020/12/Informe_esports_ESP_20.pdf.

- 传很少，并且存在不少的负面宣传。所有这些都在一定程度上阻碍了该行业的良好发展。
- 目前，西班牙的电竞行业规定与国家在商业、劳工、知识产权等方面的规定相统一，这些规定在一定程度上保证了该行业在西班牙的有效运作。但仍存在过度监管和监管碎片化等问题。
- 技术的发展是推动电子游戏行业发展的重要因素，在开发新的电子游戏和新的游戏平台方面起着关键作用，但目前西班牙电子游戏行业在技术层面还有很大的发展空间。

五 创意设计

在西班牙，创意设计领域有很多传统，其中传媒和广告服务是创意设计的一个重要领域。尤其在巴塞罗那，这里被誉为设计之都，在欧洲乃至全世界范围内有很高的知名度并占据了重要地位。这里已经产生了大量的西班牙式设计，并且还在持续健康发展。此外，巴塞罗那扮演着一个非常重要的角色，因为它是艺术与设计培育协会（FAD, Fostering Arts and Design）的发源地，FAD 是一个致力于发展设计文化的组织实体。在全西班牙范围内，FAD 在这一特殊领域扮演关键角色。FAD 是一个针对设计的专业性与商业联系的非营利性组织。在其内部有五个关于创意的不同学科的协会和一个材料中心：

- 艺术家与工匠协会（A-FAD, Asociación de Artistas y Artesanos del FAD）
- 艺术指导与图像设计师协会（ADG-FAD, Asociación de Directores de Arte y Diseñadores Gráficos de FAD）
- 工业设计协会（ADI-FAD, Asociación de Diseño Industrial de FAD）
- 空间设计跨学科协会（ARQUIN-FAD, Asociación Interdisciplinaria de Diseño del Espacio de FAD）
- 时尚发展协会（MODA-FAD, Asociación para el Fomento de la Moda de FAD）
- 巴塞罗那材料中心（MATER-FAD, Centro de Materiales de Barcelona de FAD）

在 1903 年，由于意识到了产业化的重要性，一群艺术家与建筑师创立了 FAD。发展至今，共有超过 1000 名专业人士与商业人士在此工作，他们以同样的激情克服种种挑战。FAD 以作为一个主要的创造性群体而闻名，不同学科的专业人士共同工作，为他们在不同的学科边界架起了沟通的桥梁，FAD 成为一个重要的表达想法与举办文化活动的基地。

其通过评奖来寻找和发展优秀的设计，当中有一部分拥有很高声望的评判标准已经使用了超过 50 年的时间，这些都是不同设计领域中不可缺少的专业标准。还有针对学生的设计、建筑和艺术的奖励，年复一年的评奖以激励新一代的专业人士获得更大的成功。FAD 奖是受到了巴塞罗那市议会在 1899 年至 1912 年期间设立的建筑与城市设施重建竞赛的启发而设立的。在初期，拆除城墙后，现代主义在城市的最终形态中开始发展；在第二个时期，即 1913 年至 1930 年，创新主义急速发展。

FAD 建筑与室内设计奖是 FAD 奖中知名度最高的奖项，由艺术与设计培育协会在每年 6 月颁发，每年 2 月 1 日之前提名获奖个人、组织或者机构，获提名者的作品应当在前一年在伊比利亚半岛及其附属岛屿上完成。这一奖项在 1958 年由建筑师奥里奥尔·博希加斯（Oriol Bohigas）创立，旨在提升现有的建筑水平，开辟一条可以打通传统与现代联系的新道路。

自 2006 年开始，共有五种不同种类的作品可以获得奖励：建筑、室内设计、城市与景观、临时建筑、思考与评论。

除了这些，在全国范围内还有一批设计学校，这些学校集中在马德里和巴塞罗那地区。它们主要以传统的设计学科为基础。西班牙具有代表性的设计学校见表 7-13。

表 7-13　西班牙设计学校

英文名称/简称	中文名称
ELISAVA	巴塞罗那设计与工程高等学校
ESDAP	罗特哈设计与艺术高等学校
IED	欧洲设计学院
Escola Massana	马萨纳学院

续表

英文名称/简称	中文名称
EINA	加泰罗尼亚艺术大学
EASD	加泰罗尼亚巴伦西亚艺术高等学校
Escuela Superior de Diseño de Madrid	马德里设计高等学校
BAU	巴塞罗那设计大学
IDEP	加泰罗尼亚绘画高等学院

注：根据公开资料由笔者整理。

西班牙的建筑、服装及珠宝设计也极具特色，巴塞罗那因为高迪建筑而闻名于世界，高迪建筑造型风格也成为西班牙民族品牌形象的代表。这不仅仅得益于高迪建筑精湛的工艺和独特的外形，还源于它取自自然的设计素材所表现出的感染力。无论是巴特罗公寓中海洋生物似的建筑、圣家族大教堂中兽骨和鲜花般的结构，还是古埃尔公园中著名的马赛克蜥蜴，到处都是源于大自然的灵感的设计，每一件设计作品都把我们带进了一个童话般的奇幻世界，令人感到亲切而温馨。

西班牙的纪念品是用一些国内有名的、象征性的形象做的，与其说是商品，更像是一件艺术品，颇具特色，比如巴塞罗那的纪念品以高迪的马赛克为主，马德里的纪念品以西班牙斗牛为主，托莱多则以陶瓷艺术为主等。这些纪念品也让游客们记住了这个地区。

西班牙源于自然的设计理念一直影响到当今设计师的艺术表现。西班牙著名设计师阿加莎·鲁伊斯·普拉达的作品，选用自然界的花朵、植物等元素和色彩，将其应用于产品设计当中，其亲和力的形象使每个人都能联想到自己色彩斑斓的童年时代，一种长不大的顽皮和时尚的完美结合，带动了年轻人的热情和快乐，这使她的品牌形象深入人心。

阿加莎·鲁伊斯·普拉达也传承了达利的设计理念，大胆地将各种元素应用于服装设计当中，凡是我们生活中吃、戴、穿、用的元素，都在她的时装设计中表现得淋漓尽致。可以将雨伞戴在头上，可以将蛋糕穿在身上，更可以将心画在胸前。那种大胆的想象，鲜艳丰富的色彩，成为时尚年轻人追逐的对象，除了对她的品牌设计的认可，大家追求更多的是她品牌形象设计中展现出的那种亲和力，仿佛是彼此心灵之间的对话。①

珠宝首饰的世界有太多让人们惊艳的设计，也有太多受到众人追捧的珠宝首饰。但如果把那些在全世界名气都非常高的珠宝首饰品牌做一个分类，按国家分类后会发现，那些无比奢华、总能够引领时尚、无比受人尊崇的珠宝首饰品牌几乎都来自欧洲，而在这些品牌里最有艺术与个性感染力的又都集中在西班牙。

来自西班牙的艺术珠宝首饰品牌还有很多，但 Ciclon 和 Bohemme 照亮了大半个西班牙，也是西班牙珠宝首饰风格的代表。

Ciclon 首饰注重人性的自由与个性发展，所以 Ciclon 首饰，大多具有强烈的不受拘束的感觉，有一种自由自在、为自己而活的风格，受到欧美人们的欢迎。Ciclon 以其柔和且大胆的造型和色彩的结合，结合穆拉诺玻璃、皮革、银和金等独特材料，展现其独特设计。

Bohemme 诞生于西班牙科尔多瓦，百分之百纯手工制作，首饰风格优雅严谨，在西班牙约有 300 家门店，在世界其他地区约有 250 家。Bohemme 宣扬女人应是大胆、自信的，且敢于表现自己，还认为女性的内在美和力量反映在她的生活和风格上。Bohemme 宣扬积极向上、独立自主、按照自己规则生活的人生态度。创始人利用自己对时尚的独特看法，做出令人难以置信、难以模仿、鼓舞人心的首饰。

Bohemme 配以颜色丰富的施华洛世奇元素，加上天然珍宝，优雅中带着巴洛克艺术，古典端庄。色彩和曲线动感搭配强烈，所有的首饰都是纯银制成的，嵌有 18K 金片，并且含有半宝石和优质锆石。②

UNOde50，一个诞生于 20 世纪 90 年代末的西班牙马德里街头的手工艺珠宝饰品品牌，始终坚持以 Bold（勇敢）、Creative（创意）、Unique（独一无二）为品牌核心理念，打造"西班牙制造"手工艺珠宝饰品。起初，UNOde50 的含义为"One of 50"（1/50，意旨每一件产品只计划生产 50 件。目前，尽管品牌已经打通国际渠道，产品进入各个国家及地区，但仍然会将部分限量版商

---

① 赵妍：《从西班牙艺术与设计看品牌形象设计中的亲和力表现》，《美与时代》（上）2013 年第 4 期，第 69~72 页。

② https://www.sohu.com/a/325033383_120141219.

品标注 50 个固定编码，以此来致敬品牌的发展初衷。目前，该品牌在全球超 40 个国家拥有上百家门店。①

六　文化旅游

2019 年，在西班牙居民因休闲、娱乐或度假而进行的旅行中，有 17% 主要是出于文化原因，为 1698.39 万人，同比增长 15.6%，其中安达卢西亚自治区、马德里自治区和卡斯蒂利亚 - 莱昂自治区接待文化旅游类游客数量排前三名。2019 年，以文化旅游为主要目的的国际游客入境人数为 14465.6 万人，同比增长 14.8%，占该群体休闲或度假总人数的 19.8%。

2019 年西班牙居民的文化旅游支出为 90854 万欧元，同比增长 16.8%，国际游客的文化旅游支出为 153480 万欧元，同比增长 15%，这些数据显示，文化行业成为旅游行业中的一个经济引擎。

在西班牙，约 1/4（24.6%）的居民进行了文化活动，这一数字在外国游客中上升到 36.9%。②

（一）西班牙文化旅游的特点和优势

西班牙旅游产品的种类繁多，其特点是提供不同类型的旅游服务，这些服务根据市场的新趋势进行了部分调整。阳光和沙滩仍然是西班牙旅游业无可争议的发展引擎。文化和城市旅游作为西班牙旅游产品的一部分得到了巩固，并提供了高度的竞争力及增长潜力，但这必须以目的地的更大细分和专业化为基础。其余产品例如商务和会议、健康与保健、体育或乡村与自然，正处于全面开发阶段。

西班牙在提供住宿方面具有独特的优势，近年来在高级别酒店（4 星级和 5 星级）上得到了加强。此外，酒店还提供各种各样的额外服务，特别是与休闲娱乐、文化和体育有关的服务。特别值得一提的是餐饮和美食，近年来其受到国际社会的高度认可。此外，与旅游相关的公司对其服务越来越多

---

① 郭嘉：《UNOde50 感受"西班牙制造"的手工艺》，《时尚北京》2019 年第 7 期，第 167 页。
② "Anuario de Estadística Cultural 2019," Ministerio de Culturay Deporte.

地采用保证制度，所提供的质量有所改善。

西班牙品牌的知名度可与大型跨国公司相提并论。品牌的主要特征和属性与阳光和沙滩有着密不可分的联系，这使得西班牙占据了目前的国际领导地位。就旅游产品的性价比方面而言，西班牙是游客评价最高的国家，其突出的特点是自由和安全。与新兴旅游目的地相比，这些品质是与众不同的竞争价值。

西班牙是被联合国教科文组织宣布世界遗产数量排名第三的国家，拥有47个世界遗产，仅次于意大利的54个和中国的53个。主要包括格拉纳达的阿尔罕布拉宫宫殿、高迪的建筑物、梅里达的古迹、阿尔塔米拉洞窟、阿拉贡的穆德哈尔建筑和布尔戈斯大教堂等，卡斯蒂利亚－莱昂是拥有最多文化遗产的地区。除了这些世界遗产，西班牙的塞维利亚大教堂是世界五大教堂之一，仅次于梵蒂冈的圣彼得堡大教堂和意大利米兰大教堂，位居世界第三。[1]

度假租赁搜索引擎 Holidu 在 2019 年做了一个排名。在文化旅游目的地选择方面，根据戏剧院、歌剧院、博物馆、画廊和图书馆的数量，提名了 57 个西班牙城市，其中排名前十的城市见表 7-14。[2]

表 7-14 西班牙戏剧院、歌剧院、博物馆、画廊和图书馆数量排名前十城市

单位：个

	巴塞罗那	马德里	巴伦西亚	塞维利亚	马拉加
博物馆	104	89	37	24	26
画廊	181	168	34	20	18
图书馆	139	139	57	32	25
歌剧院	3	3	3	1	1
戏剧院	56	84	17	19	14
总数	483	483	148	96	84

[1] https://www.elmundo.es/viajes/espana/2020/08/13/5ef9fc31fdddff71998b4669.html.
[2] https://www.hosteltur.com/128209_las-ciudades-espanolas-con-mayor-oferta-para-el-turismo-cultural.html.

续表

	巴塞罗那	马德里	巴伦西亚	塞维利亚	马拉加
备注	巴塞罗那的面积虽然不如马德里占地面积大,但却拥有和马德里数量一样的文化场所	马德里虽然拥有483个文化场所,但同时也不要忘了它也拥有两个世界文化遗产埃斯科里亚尔修道院和遗址、埃纳雷斯堡大学城及历史区和一个文化景观阿兰胡埃斯			马拉加蓬皮杜中心是法国蓬皮杜国家艺术文化中心在西班牙的总部,坐落在名为"立方体"的空间中
	帕尔马(马略卡岛)	萨拉戈萨	格拉纳达	毕尔巴鄂	巴利亚多利德
博物馆	11	20	23	11	19
画廊	28	10	6	16	3
图书馆	23	30	17	21	20
歌剧院	1	0	2	2	1
戏剧院	11	5	8	3	7
总数	74	65	56	53	50
备注	同样也是海滩旅游胜地		除了阿尔罕布拉宫和赫内拉利菲宫外,它还拥有令人印象深刻的涂鸦,使之成为欧洲了解城市艺术的最佳城市之一		巴利亚多利德以其中世纪古迹而闻名,它隐藏着一些独特的地方,例如圣巴勃罗教堂、圣玛丽教堂或主广场

注:根据公开资料由作者整理。

"衣在意大利,食在西班牙,住在法国,行在美国。"西班牙位于地中海沿岸,地貌类型丰富,气候多样。历史上与外族交流融合十分频繁,以及受不同宗教信仰的影响,西班牙具有丰富多彩的饮食文化。西班牙美食菜肴品种繁多,口味独特,汇集了西式南北菜肴的烹制方法,其原因在于西班牙拥有17个自治区,每个自治区拥有自己的明星产品和传统的西班牙美食,西班牙人用鱼类、肉类、水果、蔬菜、奶酪，配上葡萄酒和烈酒，精心烹饪出典型的地中海美味佳肴。西班牙拥有的美食数不胜数，如西班牙海鲜饭、各式各样的塔帕斯（通常指正餐之前作为前菜食用的各种小吃）、伊比利亚火腿、土豆煎蛋饼、安达卢西亚冷汤、加利西亚章鱼、吉事果、桑格利亚水果酒等。[①] 2019 年西班牙居民进行美食旅游的人数同比上涨了 37.8%，美食本身就具有治愈能力，而丰富多样、美味的西班牙美食更加受到游客的青睐。同样，西班牙的葡萄酒也非常有名，西班牙的葡萄酒产量居世界第三位，而且有很多质量非常优秀的葡萄酒，让我们能以更加实惠的价格品味到来自传统酿造国家的经典。

起源于安达卢西亚地区的弗拉明戈舞蹈是西班牙的一大文化特色，要欣赏最正宗的弗拉明戈表演，最好的地方是其发源地西班牙南部的安达卢西亚，以塞维利亚、格拉纳达等地的为最好。弗拉明戈舞厅的表演通常票价为几十欧元，也有一些酒吧有弗拉明戈表演，且主要收酒水费。欣赏时如能随着音乐击掌或喊"欧嘞"（Olé）则更容易融入弗拉明戈艺术氛围之中。

西班牙巴伦西亚的法雅节和科尔多瓦的庭院节是非常富有文化特色的节日。法雅节又称火节，每年 3 月 15 日至 3 月 19 日举行，是西班牙极有特色的节庆，每年都吸引成千上万游客前往当地，放火迎接春天。火节期间，市政厅前每天中午会举行烟火表演，而节日的高潮在于最后一天烧掉各种奇形怪状的木制塑像，将焚烧 600 多个塑像。这些大型塑像都由当地最优秀的设计师和艺术家制作，以木头架成，外面裹着各种颜色的纸板，形象大多取材于时下流行的人物或社会现象，具有一定的讽刺性。科尔多瓦的庭院节被列为非物质文化遗产，每年 5 月举行，距今已有近 100 年历史，每年吸引着数万游客到来。在此期间，当地居民会在窗台、墙上摆满或挂满花，西班牙人拥有着热爱花卉种植、热爱园艺的传统，每年庭院节的时候，都会授予最棒的庭院主人金花盆奖。当地人、游客、庭院设计专业人士在节日期间都会汇集于此。

从历史上看，西班牙的旅游系统是在一个供应而不是需求的市场中发展起来的，因此它必须加以调整，以保持现有的客户，并吸引更高层次的消费者。

---

① https://www.sohu.com/a/283395732_776642.

西班牙旅游业在供给和产品方面的优势：

- 提供优质的海滩及服务；
- 广泛的住宿选择，高级别酒店（4星级和5星级）的增加；
- 西班牙是阳光和海滩类旅游胜地这一事实被公认，其在欧洲中产阶级中具有突出地位；
- 广泛的配套服务，特别是休闲、文化和体育活动，以及公认的西班牙美食享有国际声誉；
- 游客对西班牙旅游产品的价格质量评价很高；
- 出现新的具有专业性和有附加值的运营商，商业模式适应在线渠道和新技术；
- 质量保证体系在行业中的应用越来越广泛。

西班牙旅游业在供给和产品方面的劣势：

- 一些酒店设施陈旧，尤其在滨海地区（巴塞罗那阳光海滩）；
- 高度依赖德国、英国和法国市场；
- 在高购买力需求领域的弱势地位；
- 由于业务和产品管理不善，开发新细分市场存在困难；
- 在开发新领域和公共投资驱动的产品方面企业缺乏创新精神；
- 外国旅游经营者比例高，国内旅游经营者规模小。

西班牙旅游系统最突出的弱点包括对德国、英国和法国市场的高度依赖，以及在高购买力需求领域的弱势地位。西班牙的旅游模式已经适应了供应市场，但在开发符合客户新需求的旅游产品方面遇到了困难，在新领域和公共投资驱动的新产品开发上公司参与力不足就可以证明这一点。

（二）西班牙旅游业管理

在西班牙旅游业管理模式和人力资源方面，西班牙旅游体系的管理由公共机构和私营机构共同承担。在公共领域，权限分散在不同的行政级别和管理区域之间，需要适时调整管理模式以推动该行业所需的变革。由于权限分散，有时会面临一些问题，例如，涉及贸易促进和市场营销的机构众多，但没有完全达成一致的战略，有的机构的投资回报率较低；再如，私营部门参与力不足，就很难有效地使促销模式适应行业的变化。

西班牙旅游系统的管理模式是建立在国际公认的广泛统计系统的基础上的，但它没有有效地满足旅游部门的新需要。例如，传统上主要的统计和研究几乎完全集中于衡量游客流量，而对其他定性变量的深入研究是近期发展的趋势。此外，负责处理资料的机构与最终用户和潜在用户之间缺乏沟通渠道，还有资料来源重叠的问题。

在私营领域，有关部门的管理能力取决于西班牙供应市场中商业渠道之间的关系模式以及数十年来已存在的竞争优势，这阻碍了该领域的发展，尤其是在营销和产品设计方面需要创新。此外，中小型企业在该领域占据主导地位（几乎84%是少于10名员工的公司），因此很难吸引和留住人才，实施有效的创新政策。私营机构由于其地域分散性和异质性无法在创新领域进行合作，虽然确实有某些例外的情况，例如酒店的基础设施高于全国平均水平。

私营机构的强劲增长使该领域人员超过了新专业人员进入劳动力市场，而且这些人员有的并没有接受过必要的培训，人员资历水平不足，难以满足雇用需求。这种现实产生了一种人力资源管理模式，该模式提高了吸引和保留必要的新人才的能力以应对该行业在中期面临的挑战。

西班牙旅游业在管理模式和人力资源方面的优势：

- 在旅游和管理方面无论是私人领域还是公共领域都有丰富经验；
- 由于中小型企业的活力，旅游业有很强的适应变化的能力；
- 拥有丰富经验的工作者在旅游行业出现；
- 标准化的质量水平，并适应于当前客户的需求；
- 工作人员的平均受教育水平提高；
- 国际公认的旅游统计系统。

西班牙旅游业在管理模式和人力资源方面的劣势：

- 公共机构之间以及公共机构与私营机构之间协调促进存在困难；
- 没有充分利用新技术提供的机会；
- 相对于投资旅游业的比重，在研发方面投资较低；
- 官方统计制度不适应新的挑战和传播渠道的不足；
- 就业保障困难，人员流动率高；
- 该领域工作人员资历不足；
- 该行业在留住人才方面存在困难；
- 西班牙人对旅游业在社会中的重要性认识不足。

尽管文化和城市旅游业每年都在巩固，但由于人口较少和前往目的地的便利性，文化旅游仍有很大的持续性发展空间。

西班牙文化和城市旅游业的发展将取决于至少应对以下挑战的能力：

- 改进目的地管理模式，做好文化供应方面各种资源的衔接；
- 在西班牙形象仍处于萌芽阶段或与阳光和海滩旅游密切相关的市场中，传达西班牙文化目的地的独特价值；
- 通过提高便利性和舒适度来促进新的文化和城市旅游目的地的建设。

（三）西班牙文化旅游转型成功的案例

关于近年来西班牙在文化旅游领域实施的模式和方法，英国《经济学人》杂志于2018年8月赞扬了该国的文化旅游，指出毕尔巴鄂市令人感到惊奇，并考虑是否有可能复制其"成功模型"。题为《古根海姆效应》的文章指出，同名博物馆"成为城市研究的对象，因为它在衰落的工业城市转变为优雅的旅游胜地方面发挥了作用"。文章还指出了毕尔巴鄂美术博物馆的情况，该博物馆目前接待游客人数比2002年每年接待的15万名游客翻了一番。

毕尔巴鄂曾是西班牙西北部一座冶金和化工业城市。长期以来，该城市经济萎缩萧条，流经市区的奈尔威河被严重污染，河畔的现古根海姆博物馆所在地，曾经是废弃的工业用地，当时巴斯克地区的经济受重工业转产的严重影响，一度陷入深重的危机。为了摆脱困境，地方政府决意进行城市改造，而修建博物馆是毕尔巴鄂城市改造计划中的重要环节。这一以文化带动经济的想法打动了各级政府，建设经费1.5亿欧元100%由地方政府投入，艺术展品则由美国古根海姆基金会负责筹集。仅仅6年，启动项目的资金便全数收回，为该地区带来1.5亿欧元的收入。此外，这座现代艺术博物馆创造了45000个就业机会。博物馆参观人数逐年递增，已突破百万人次。如今，毕尔巴鄂古根海姆博物馆给地方经济带来的效益成为众多大学研究课题，哈佛设计院称其为"古根海姆效应"。毕尔巴鄂也因此在城建领域获得多项殊荣。在2004年威尼斯双年展中，毕市荣获世界最佳城建规划奖。西班牙和欧洲其他城市纷纷效仿，以期获得毕尔巴鄂古根海姆的神奇效应。

《经济学人》解释说，尽管成功案例并不多，但"世界上许多其他城市"都试图复制"古根海姆效应"。该周刊提到，西班牙城市"充满了在危机之前建筑业繁荣时期伟大的建筑师设计的建筑物"。其中最引人注目的是哈恩市的伊贝罗博物馆和圣地亚哥－德孔波斯特拉的文化之城。至于西班牙首都，《经济学人》指出，马德里"不久前是一个安静的官僚城市"，尽管目前它成为"欧洲文化之都之一"。

该杂志还聚焦于马拉加，称赞马拉加为这种文化旅游趋势的"最令人震惊的例子"。原因是安达卢西亚自治区"曾经被寻找太阳海岸的游客所包围"，而现在它的主要旅游景点是马拉加蓬皮杜中心和毕加索博物馆。其他例子还有巴伦西亚艺术与科学城（Ciudad de las Artes y las Ciencias de Valencia）和桑坦德的波廷中心（El Centro Botnn）。该杂志称，艺术机构的激增正在帮助产生"文化地图"，尤其是在西班牙北部。根据《经济学人》的说法，这种旅游者形象的转变"有助于实现健康的经济多元化"。因此，"阳光和海滩旅游"似乎正在减少，而主要体验文化氛围的外国游客到西班牙的比例在增加。

七 博物馆和画廊

（一）博物馆

在西班牙，尤其是在西班牙的大城市，博物馆是一个有一定数量的存在。博物馆里的藏品种类丰富，相当数量的博物馆展示了西班牙的文化财富与民族传统。然而应该注意到，与欧洲其他国家一样，这些机构正在努力寻找吸引新受众的替代方案，而且主要是通过利用新技术吸引注意力的战略，使其服务适应年轻一代或对艺术和文化没有太大兴趣的观众。

在所有权方面，绝大多数博物馆都是公共博物馆，但是它们由不同的主管部门管理。根据针对1504个博物馆及其藏品的统计（占总博物馆数量的98.9%），其中有70.8%的博物馆是公立的，27%是私营的，还有2.2%为混合所有制。在公共博物馆中，由本地管理机构管理的占据了绝大部分，大约占总数的47.1%。由国家管理机构负责管理的占了11.4%，由自治区管理机构负责管理的则为1.2%。私营博物馆中，教会博物馆占了9.7%。

（二）经典案例研究——西班牙特拉沙纺织博物馆[①]

西班牙特拉沙纺织博物馆位于西班牙名城巴塞罗那附近的一座人口不到20万的小镇——特拉沙。该馆是1956年由特拉沙镇的一名纺织品商人毕欧斯卡在个人收藏基础上创建的，并对外开放。三年后，毕欧斯卡将收藏品捐献给了特拉沙镇，使之完成了从私有到公有的转变，成为一座公共博物馆。特拉沙纺织博物馆实际上是一座以收藏纺织品类为主的、专业性很强的小型博物馆。同时，特拉沙是一个纺织及其相关业务非常发达的城镇。历史上，毛纺产品的制造、加工和贸易一直是该镇的支柱产业。按理说，在特拉沙，有这样一个纺织博物馆是非常必要的，且应该有一个不错的发展前景。然而，事实上，特拉沙纺织博物馆在很长一段时间并不成功，具体表现为以下几个方面。第一，博物馆利用者数量少，群体比例不协调。第二，作为一个纺织

---

① 唐小轩、张文立：《困境中的出路——对西班牙特拉沙纺织博物馆经营实践之剖析》，载耕耘录《吉林省博物院学术文集（2003—2010）》，吉林人民出版社，2010，第4页。

业领域的专题博物馆，其在纺织业界的知名度并不高。该镇大多数从事纺织业的专家与业内人士，对本镇有这样一座纺织博物馆一无所知，因而也就无法利用博物馆藏品资源为自身需要服务。第三，业务活动质量不高。比如，陈列中的展品保存不好，大部分展品缺乏说明性背景材料，展室空间布局不合理，空间未能得到有效的利用。所有这些让特拉沙纺织博物馆变成了一个不成功的博物馆。面对困难，特拉沙纺织博物馆的经营者们主要做了以下几个方面的工作。

其一，确立积极的发展态度。特拉沙纺织博物馆经营者们选择了有一定风险性的更新改造，确立了积极求变的发展态度。

其二，深入分析博物馆经营不成功的原因。在确立了发展态度之后，经营者们着手分析了博物馆不成功的原因。他们对博物馆实际参观者进行了大量的调查和分析。通过调查分析，经营者们认识到，对于特拉沙镇来说，博物馆的存在是必要的、有意义的，博物馆的困境是由于其经营方面出了问题，博物馆需要改变过去的经营思路，引入新的经营观念和新的运作模式。

其三，树立新的观念，制定有效的发展策略。经营者们认识到，博物馆要走向成功一个重要的前提就是要能够将博物馆"非博物馆化"：博物馆必须与前来参观的公众密切合作，以便使博物馆的服务由单向型变为相互的双向型。博物馆经营者认识到，主要利用者群体对于博物馆有着不同的需求或期待。对于专业化的纺织工人们来说，他们所需要的只是一个能够让他们找到对其工作有益的具有基本背景材料的场所，而不是一个常规性的博物馆。而各类设计、时装应用艺术学校人员需要的是欣赏各种各样的工艺，接触织物纤维，研究混纺材料，而不是观看单调的展示橱窗。而中小学校的学生和许多社会公众则更希望看到的是不断变化的题材、引人入胜的组合设计。基于此，博物馆经营者确立了一种有效服务的思想，推出了以服务项目的多样化为特征、以"变化"为核心的经营策略。这些策略包括以下几个方面。第一，推行与其他博物馆的借贷和交换展品政策，提高公众对于展览的可介入性。这项政策的推行，让博物馆可以随时自行安排处置适宜的展品，满足观众不断变化的需求，同时又不会让博物馆对利用率低的藏品及其存放和保护提供过多不必要的负担，是一种极为实用的经营策略。第二，在陈列方面，在注重展出实物本身的同时，还要注意提供相关的说明材料。比如，该馆在展出一块丝绸展品时的做法就是一个很好的例证。展出一块丝绸展品，先行准备好有关这些展品的文字资料、说明，然后将展品放在一块带有详尽文字资料的板（条）上一并展出。观众通过这种形式既接触到了展品，又获得了丰富、连贯而有条理的背景材料。特别值得一提的是，在陈列方面，该馆最重要的一项策略就是没有永久的展览。这一策略是基于这样的认识：展品展出一段时间之后，观众就会对其失去兴趣，展出时间太长，也容易导致展品损坏。作为对这一策略的落实，博物馆定期推出一些新的展览（其中一些展览是由企业提供的）。展览更换的时间周期长短不同，有些展览通常是一年一换。第三，尝试建立与当地企业之间的合作。特拉沙纺织博物馆尝试着开始与企业之间进行合作，他们通过事先达成的一个具体协议，在博物馆专门划出一定的场地用于展出本地区最新，也是质量最佳的精选产品。既让参观者了解了生产这些产品的企业，宣传了企业，也有可能让博物馆获得更多有吸引力的展品。对于博物馆和企业来说，这是一种互利互惠的合作。第四，提供多项非展览性服务。博物馆的经营者已经认识到，一个成功的博物馆应该给社会提供以下的服务：如给专业人员和学生提供配备计算机的咨询服务的场所，和学校合作、提供学习服务、开展实际操作的学习活动（如面料识别、简易织机的操作等）、开设某些辅导和培训课程，举办研讨会，参观访问工厂等。博物馆甚至还提供了购物服务。在博物馆里，观众不仅可以观看展览，而且还可以在博物馆附设的商店里购买到某些独特的产品。经过上述几个方面的努力，博物馆经营状况有了较大的起色。从某种意义上说，藏品还是原来的藏品，博物馆也仍是原来的博物馆，但是由于确立和实施了新的经营理念和策略，在短短的时间里，特拉沙纺织博物馆就彻底扭转了被动局面，并探索出一条与当地社区共同发展之路。现在，特拉沙纺织博物馆成为当地经济、文化、旅游等诸多方面不可或缺的文化机构与公益机构，对促进全镇的经济与纺织文化的发展起到了很大的推动作用。

特拉沙纺织博物馆的实践表明，有效的经营理念与策略应该体现下列一些基本特征。（1）建立与当地社区之间密切的关系。社区支持是博物馆生存的基础，特别是对于一些中小型博物馆来说更是如此。介入社区居民的生活，满足他们的需要成为博物馆发展的趋势。只有那些认识当地社区在博物馆发展中的重要性，并满足了当地社区居民的实际需求的博物馆，才有可能在未来发展中生存。（2）确立一个大服务观。受传统观念的影响，一直以来，博物馆对外服务被习惯性地局限在展览和教育领域。甚至直到现在，在一些博物馆经营者的头脑当中，这种意识仍然根深蒂固。不过，现代博物馆发展已经突破了这一传统的观念，博物馆对外服务范围已经扩展到非展览性服务领域，咨询、饮食、购物等成为博物馆服务的重要组成部分。这就要求博物馆经营者在其经营理念上，必须要树立大服务观，而不能再坚持那种将博物馆服务局限于展览、教育的小服务观。特拉沙纺织博物馆经营策略实际上就体现了这一点。（3）建立以"变化"为特征的服务项目体系。博物馆不仅要强调服务项目的多样性，而且也要强调服务项目的变化性。这是保持博物馆对于当地利用者有持续吸引力的关键所在。（4）引入互动与参与。这是特拉沙纺织博物馆经营策略中又一值得肯定之处。特拉沙纺织博物馆的电脑咨询服务、工艺实验和操作活动等都是互动与参与的生动例证。在博物馆对外服务当中，引入互动与参与是一种积极的鼓励性的服务方式，也是博物馆服务领域的一种发展趋势。

（三）画廊和艺术展

在西班牙有 125 个注册的拍卖行周期性或偶尔会拍卖艺术品和古董，但是画廊的规模更加庞大，在 2011 年就售出了 3500 件优秀的艺术品、装饰品以及古董，销售金额达到了 21200 万欧元。尽管这一惊人的数字是全国范围内的画廊共同贡献的，但是可以由此看出它们中有一小部分是真的可以赢利的。事实上，文化经济学家克莱尔·麦克安德鲁（Clare McAndrew）在他最新的关于西班牙艺术品市场的研究报告上指出："在 2013 年大约有 600 个画廊占据了 70% 的市场份额。"另外，加泰罗尼亚视觉艺术协会前主任佛朗西斯科·高第（Francisco Gatti）在 2006 年也指出，只有不超过 30 家画廊具有专业性并且有盈利能力，其他的无外乎两种模式：捐赠者的作品，或者收藏家自己的收藏品。

近些年来只有一小部分画廊脱颖而出并垄断了市场（尽管事实上占垄断

地位的画廊还在慢慢减少）。大部分画廊集中在西班牙的几个大城市（马德里、巴塞罗那、巴伦西亚、毕尔巴鄂或者塞维利亚）。

麦克安德鲁指出，由于专业课程以及专家人数的增加，画廊的形势正在慢慢发生改变。画廊所扮演的角色似乎发生了改变，变成了两个不同的系统。第一种是国际化、动态化、专业化的画廊，具备国际知识，只服务于它的消费者感兴趣的领域；第二种就是非常本地化的商业实体，这种画廊几年都不会去改变，它们的客户也在慢慢流失，所以它们很难赢利。

大部分西班牙画廊经营的产品是私人市场上的当代艺术品，所售卖的产品也都是第一次面向市场。总的来说，画廊和还在活跃的艺术家进行委托和代理方面的合作（在某些情况下为独家代理）。为了避免可能会出现的矛盾，近年来出现了一系列良好的实践规范，这些规范首先是由艺术家协会编写的，例如西班牙视觉艺术协会（AAVV）发表的《视觉艺术良好专业规范守则》，或者加泰罗尼亚视觉艺术协会（AAVC）编写的《视觉艺术品交易指导》。这些不是法律文件，但是它们却能对好作品给出专业的指导。

在销售方面，根据画廊自己的信息，2013年的主要销售渠道如表7-15所示：

表7-15 2013年西班牙画廊主要销售渠道

单位：%

	画廊	拍卖	私人	在线销售	艺术展
占比	57.8	0.5	3.5	5.3	17.1

注：根据公开资料由笔者整理。

可以看出，在线销售的份额依然很小，在2013年只占到了5.3%。麦克安德鲁针对这个数据指出，正常情况下国际性的画廊的线上销售量应该达到50%。此外，在西班牙，拍卖行的销售额也非常低。这表明，尽管很多画廊都相信线上交易对它们的生意有很大的好处，但是它们都没有在这方面下功夫。

另外，西班牙的画廊都面临一个大的问题，就是不够国际化，这会影响画廊里艺术家作品的国际化。马德里索斯现当代艺术品拍卖行部主任亚历山德拉指出："如果拿西班牙最年轻的艺术家与美国的艺术家比较就会发现，西班牙的艺术家不论是在画廊还是博物馆，很难使自己的作品在国际上获得知名度。但是美国或者英国的年轻创造者们可以通过大型的画廊将他们的作品在重要的展会上展出（包括巴塞尔艺术博览会、国际当代艺术博览会等重要展会）。"

在西班牙出现这种现象的原因是，几乎没有画廊去参加重要的国际展会。事实上，马德里视觉艺术协会做过一个西班牙艺术家在国际市场的调查，结果发现在2004年至2007年市场蓬勃发展的时期，西班牙国内几乎没有画廊参加国际重要展会。不论是有超过70个国家展区的马德里国际当代艺术展览会（ARCO），还是国际当代艺术博览会（FIAC）或者伦敦弗瑞兹（Frieze）艺术博览会这样的重要展览会，西班牙参加的画廊直到2007年不会超过5个。此外，参加巴塞尔艺术博览会或者科隆艺术展览的画廊相对多一点，但是每一年也不会超过15个。

除了管理，限制西班牙画廊发展的另一个主要原因是缺乏投资。参加这些展会的花销是非常大的，而且短时间内很难看到回报。很多年前，中央政府与当地管理机构试图向画廊拨款以便帮助这些公司（文化补贴）。比方说加泰罗尼亚会承担40%的展会花销，但最多不超过6000欧元（如果画廊是第一次申请这笔款项，可以多支付10%），还有巴斯克会承担100%的展会花销，但是最多不超过10000欧元。然而，这些补贴都不可能100%地支付展会花销。另外，经济危机也重创了市场：补贴规模不断缩小，利润也在不断降低。这些现象使得支付艺术展会的费用变得更加困难，这更加剧了将作品带出国门的困难。

在艺术品市场上，不仅画廊是相关的代理商，像马德里国际当代艺术展览会这样的展览会也是。画廊与艺术展一样，都是一个直接交易的平台。艺术展并不是一个中介机构，它是一个使消费者与商家直接联系的销售平台。它的收入来自展位的租金，而这些展位就是画廊主与私人或者官方收藏者会晤交易的地方。对于画廊而言，参加展会是一个长期的收入来源。

至于马德里国际当代艺术展览会，它是一个国际性的当代艺术品展会，由 IFEMA 组织。IFEMA 是一个成立于 1980 年，专门在马德里组织展会、演出及会议的实体。马德里国际当代艺术展览会使西班牙与外国的公司建立商业伙伴关系，以建立联系、互相交流。马德里国际当代艺术展览会是一个关于当代艺术品的重要国际展会，每年 2 月在西班牙首都马德里举办，旨在汇集从历史上先锋派作品到最新的新兴艺术（包括现代艺术和当代艺术）在内的艺术作品。

除了展会，马德里国际当代艺术展览会还在 1987 年创立了一个基金会（ACRO 基金会），目的是促进研究和宣传当代艺术品，以及出版、培训和获得艺术趋势和技术，尤其是关于当前艺术品的现代表现形式。ARCO 基金会从 1987 年开始每年都会在展会上收集展品，它收集的是国内最突出的当代艺术品。

纵观世界上的画廊，需要特别说明的是有一大批协会正在为了保护和推动这个行业的发展而辛勤工作，保证画廊在这个国家的存在。其中最重要的一个协会是"西班牙当代艺术馆联盟"（Consortium of Spanish Galleries of Contemporary Art），它是全国范围内最大的画廊协会，它的成员来自国内 12 个自治区，各个成员在协会内分享共同感兴趣的东西。

其他重要的协会包括"当代艺术平台"（Contemporary Art Platform）、"巴塞罗那画廊协会"（Art Barcelona Gallery Association）、"马德里当代艺术馆与艺术品协会"（The Vac Association of Contemporary Art Galleries and Arte Madrid）等。

虚拟空间提供了传播、推广和销售作品的可能性，其成本远远低于在画廊举办展览或参加博览会。通过移动设备了解艺术家作品的可能性意味着对作品了解的一种新方法和新的艺术体验。虽然不能实地观赏作品，但通过互联网，线上观赏、销售与购买有更多可能性，并减少了距离成本。

根据希斯考克斯 2016 年的报告，艺术品在互联网上的销售额超过 3.26 万亿美元，比 2014 年的 2.64 万亿美元增长了 24%。艺术品市场的在线销售数额还不高，但增长速度远远快于专家们最初的预期。情感成分，即对艺术的激情，仍然是购买的主要动力。然而，越来越多的人考虑到投资的部分，即对作品的未来重新估值，特别是在新买家的收购中。

画廊如果想增加其销量,就不能忽视这个渠道,线上销售对购买地点没有要求,可以让潜在客户成为真正的客户。

在考虑在线销售时,画廊有不同的选择,从电子商务到加入在线艺术销售平台。起初,这些平台是作为一种替代画廊实物购买的方式创建的,最终它们联合起来进行合作。到目前为止,这种模式还没有成功地取代现有的系统,但它是一种扩展业务的好方法。

大多数访问这些平台的买家以前都在实体空间购买过作品。一半的人更愿意通过个人关系在画廊里继续交易,另一半人对购买渠道漠不关心。

这种在线销售平台有许多优点,例如获取信息的便利性,可以和其他买家共同分享意见和经历,网上销售平台上有众多选择,方便买家比对价格。但同时也有人对这种平台产生一些担忧:作品的真伪、卖家的信誉、作品信息的不完整性、无法真实地感受作品、有关快递和运输的保障以及在线上付一大笔定金对买家来说并不感到十分安全。

八 艺术教育行业

(一)艺术教育概况

对西班牙艺术教育的统计调查,是由文化与体育部与研究局协同各自治区合作完成的。大学艺术教育数据来自大学生统计研究,该统计研究由科学、技术、知识和创新部与高校合作完成。结果显示,在2017~2018学年,共有398474名学生进入了特殊教学系统的艺术教育课程[①]。数据表明,同上一学年相比,人数增加了1.2%,截止到2017~2018学年,每年学生人数比上一年都有所增长(见图7-14)。其中82.5%的学生参加了音乐教育,9.4%的学生参加了舞蹈教育,7.3%的学生参加了视觉艺术与设计课程,0.6%的学生参加了戏剧培训,还有剩余的0.1%的学生参加了艺术教育的硕士培训。

---

① 特殊教学系统的艺术教学旨在专门为学生提供高质量的艺术培训,确保未来从事文化行业人员的资质。

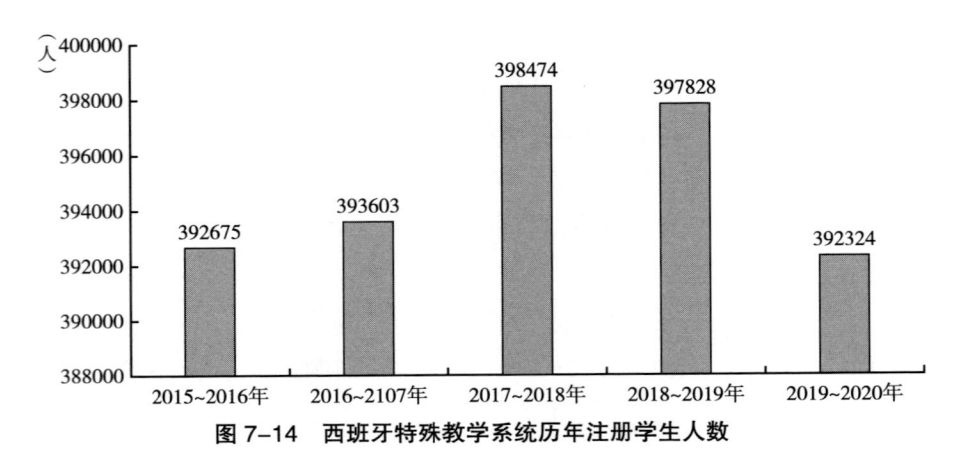

图 7-14　西班牙特殊教学系统历年注册学生人数

资料来源：《文化统计年鉴 2020》。

在一般教学系统的教学方面，在 2018~2019 学年，有 34680 名学生修读学士学位的艺术课程，29532 名学生修读文化领域的专业培训课程，分别占这类学生总数的 5.5% 和 3.9%。有 12.3% 的学生选择与文化职业有关的大学教育（本科、硕士和博士）。[1]

在 2018~2019 年度，在参加舞蹈教育的学生中，47.5% 的学生接受的是基础教育，43.9% 为专业教育（现代舞蹈 8.3%、西班牙舞蹈 11.4%、芭蕾舞 18.9%、弗拉明戈舞 5.3%），8.6% 为高等教育（儿童舞蹈教育 4.9%、舞蹈编排和表演技巧 3.7%）。在 2018~2019 年度注册戏剧艺术学习的学生共有 2683 人，其中 15.4% 为舞台导演和戏剧，6.2% 为舞台设计，78.4% 为表演。

在 2019~2020 学年，共有 392324 名学生参加了特殊教学系统的艺术学习。82.2% 的人学习音乐，9% 的人学习舞蹈，8% 的人学习造型艺术和设计，0.7% 的人学习戏剧，0.1% 的人学习艺术硕士。

在 2018~2019 学年，在以后想从事与文化行业相关的职业的学生中，超过一半的学生（60.3%）选择学习特殊教学系统的艺术教育课程（音乐、舞蹈、戏剧等）（见图 7-15）。

---

[1]　"Anuario de Estadísticas Culturales," Ministerio de Cultural y Deporte.

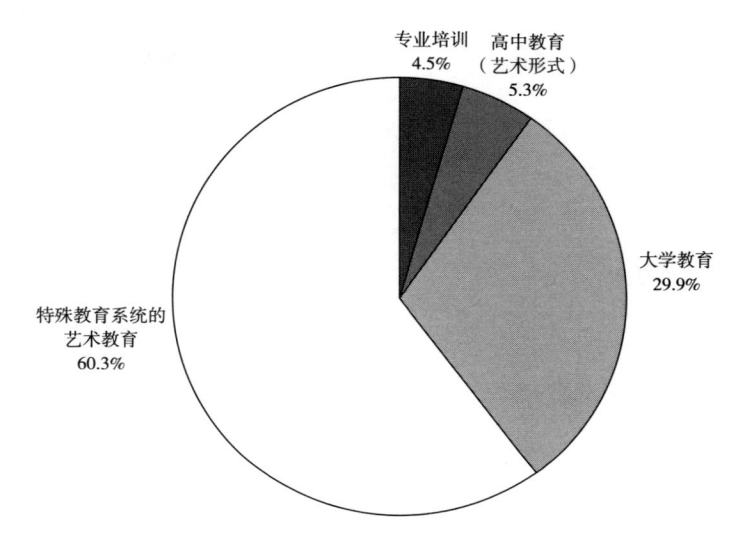

图 7-15　2018~2019 学年注册与文化职业相关的学生人数占比（按教育类别划分）

资料来源：《文化统计年鉴 2020》。

（二）校园中的艺术教育（初级教育阶段）[①]

在义务教育阶段，学生们通过学校开设的课程或者政府所举办的不同等级的项目来接触艺术教育。在学校体制内的义务教育，艺术教育以美术教育和音乐教育两种形式为主。每个学校的相关负责人根据国家教育部门所规定的教学大纲和参考欧盟所提供的教学方向，实施总的教学计划和教学内容，并且同时整理相关的教案和教学反馈。

在西班牙的部分学校中除了固定的课程以外，还有"课外活动"。其中一个部分往往是承包给专门的公司或者机构来做不同的活动，以艺术（舞蹈、戏剧、电影制作和摄影等）、外语以及趣味科学为主，或者选择根据欧盟的教学方案来安排的部分课程。除此之外，也有很多以关注学校教育为主题的艺术项目、协会、工作坊以及研究型课题等，通过与学校合作从而带来一种新的、开放的、即时的艺术体验。

[①] 曾月明：《浅谈西班牙艺术资源及美育现状》，《明日风尚》2017 年第 2 期，第 26 页。

自 2014~2015 年度有一项新制度开始执行后，在初级教育阶段，艺术教育主要集中在两个领域，即视觉艺术和音乐，但是舞蹈与戏剧也作为补充项目进行教学。这些内容总共分为四大板块："视觉艺术观察"、"表达与艺术创作"、"听力与理解"和"音乐创作"。在义务教育阶段，大约在初等教育阶段的每三个周期（每两年一个周期），要进行 105 个小时的艺术教育课程。然而，有一个新的法案认为艺术教育作为一个特殊的教育科目，应当根据教育管理机构和学校的管理规则和教学计划展开。

（三）大学艺术教育

大学教育由西班牙境内不同大学的不同科系负责。通常由美术系负责大学艺术教育，一般分为独立的大学学位（在欧洲高等教育区生效之前，西班牙扩大了美术学士学位，开设了多个专业，包括造型艺术、设计、修复和保护），有美术学士学位、设计学士学位和艺术学士学位，保护和恢复文化财产学位，但并非所有大学都能提供上述所有学位。

许多本科和研究生课程都不是由严格意义上的美术系提供的，例如，弗朗西斯科·德·维多利亚大学（位于马德里）的传播科学系提供"美术＋创意管理"专家学位、"设计＋创意管理"专家学位和"美术＋创意管理专家＋视听传播"三类学位。卡米洛·何塞·塞拉大学（位于马德里）也有这种情况，该大学在其建筑与技术高级学院提供以下学位：室内设计、多媒体和图形设计、时装设计和视频游戏设计与开发，以及两个非常有趣的硕士学位（平面设计艺术硕士和摄影管理与保存硕士学位，后者在欧洲独树一帜）。

学位的这一划分是对 ANECA（国家评估与鉴定机构）的要求的回应，该机构在其《美术／设计／修复学位白皮书》中考虑到了美术是一个非常广泛的概念，除了艺术品的生产之外，它还包括构思、设计、摄像和录像以及对文化遗产、艺术品和文化财产的保护和修复等。因此，美术是一个非常广阔的宇宙。

(四)家庭艺术教育[①]

和学校的教育系统不一样,西班牙的家庭美育萌芽,是在一种深厚的艺术氛围传统里产生的。西班牙是一个历史悠久的文化艺术古国,有着丰富的文化艺术资源,西班牙人从骨子里就对其文化艺术有着强烈的自豪感,进而对艺术美也显示出喜爱。简而言之,在西班牙家庭的大环境里,在无形的影响下有创作美、欣赏美、尊重美的传统。

---

① 曾月明:《浅谈西班牙艺术资源及美育现状》,《明日风尚》2017年第2期,第26页。

第八章
中西合作交流趋势与展望

一 中西在政治上交流密切

自1973年建交以来，中西双方均十分重视深化双边关系，2005年两国关系提升为全面战略伙伴关系。在建交48周年之际，双边关系取得长足发展，政治互信不断巩固。

在21世纪初，西班牙比20世纪80年代更加有与中国加强关系的愿望。这一时期的主要政治里程碑是2003年成立的中西论坛，这是两国政治当局和社会行动者之间两年一度的高层对话平台。

近年来，中西关系继续保持良好发展势头。2005年11月中国国家主席胡锦涛访西期间，两国建立全面战略伙伴关系。

2011年以来中方访西的领导人主要有：全国政协副主席孙家正（2011年6月），全国人大常委会副委员长乌云其木格（2011年7月），全国政协副主席黄孟复（2011年7月），全国人大常委会副委员长严隽琪（2011年11月），全国人大常委会委员长吴邦国（2012年5月），全国政协副主席万钢（2013年5月），全国政协副主席杜青林（2013年10月），全国政协副主席、中联部部长王家瑞（2014年12月），国务院总理李克强（2011年1月，时任国务院副总理；2015年5月），中共中央政治局委员、中央书记处书记、中宣部部长刘奇葆（2015年6月），中国国家主席习近平（2016年11月），中央军委副主席范长龙（2017年6月），国务委员杨洁篪（2017年9月），国务委员兼外交部部长王毅（2018年5月）等。

西方访华历程：北京奥运会、残奥会期间，西王后、王储等王室成员以及多名政要来华出席开、闭幕式并观摩赛事；第7届亚欧首脑会议期间，西首相萨帕特罗来华参会；2010年5月，西众议长博诺来华出席上海世博会开幕式；2010年8月，首相萨帕特罗来华参加上海世博会西班牙国家馆日活动；2011年4月，首相萨帕特罗来华出席博鳌亚洲论坛并访问北京；2013年6月，外交大臣马加略访华；2013 年 7 月，众议长波萨达访华；2014 年 10 月，首相拉霍伊来华正式访问；2016 年 9 月，首相拉霍伊来华出席二十国集团领导人峰会；2017 年 5 月，首相拉霍伊来华出席"一带一路"国际合作高峰论坛。①

2000 年亚太框架计划其后的两个版本旨在阐明一项面向亚太的国家战略，强调中国是西班牙在该地区最相关的国家。公共当局再次推动西班牙与中国建立更密切的关系。

近年来，西班牙拥有了更多的国际市场融资渠道，但两国都对继续加深双边关系感兴趣。在 2018 年，西班牙设计"工作路线图"以增进两国关系，继续交流合作，开展业务并加强各领域合作。

二 中西经济贸易发展空间巨大

西班牙地理位置特殊，曾是海上丝绸之路的终点。借助古代陆上和海上丝绸之路，两国早在 15 世纪地理大发现之前就已开展货物贸易以及进行人员交往。如今，从义乌到马德里的中欧列车，已投入运营四周年，被比喻为"一带一路"上的"钢铁驼队"，该列车穿越欧亚大陆，将西班牙的红酒、母婴用品、高档厨具、洁具和汽车零件以及中国的日用百货、服装和电脑等家电产品，源源不断地运进双方市场。地中海、大西洋沿岸的巴伦西亚、巴塞罗那、毕尔巴鄂等港口区位得天独厚，有望成为建设 21 世纪海上丝绸之路、打造中国与南欧地区海上贸易新格局的重要驿站。

在双边关系中，经贸投资合作稳步发展。双边贸易额从 1973 年建交时的 1200 万美元，增长到 2017 年的 309.4 亿美元，西班牙是中国在欧盟内的第六大贸易伙伴，中国是西在欧盟外的第一大贸易伙伴。②

中国是西班牙在欧盟以外的主要经济伙伴之一，如果其经济按照预期发展，未来几年将更加如此。中国是西班牙的第三大供应国，西班牙是我国的第十一大市场、我国的第十大投资者。

---

① http://news.cri.cn/20181123/d25bdd7e-2e84-f43b-48ba-57b717bced92.html.
② https://www.sohu.com/a/278472495_115423.

可以说，西班牙和中国正处于现代史上贸易关系最紧密的时期。自 2001 年中国加入世界贸易组织以来，西班牙一直是中国在欧盟的最佳进口伙伴之一（排名第六），西班牙从中国购买的商品超过了其周边国家。在此期间（2001~2016 年），中国在西班牙进口的产品所占比重提高了 6 个百分点，进口中国产品的西班牙公司数量增加了 9 倍。①

西班牙的对华出口取得了巨大的增长，这得益于中国内需的增长和西班牙公司竞争力的提高，以及西班牙成为中国的第十大客户，在欧盟之外排名第三（仅次于美国和摩洛哥）。然而，与进口现象相比，西班牙对中国的出口相对低于欧盟平均水平，降低了约 1.5 个百分点。这在很大程度上是由于西班牙中小企业规模固有的商业缺陷，一般来说，中小企业更倾向于发货，而不是主动销售。

无论如何，应该强调的是，西班牙对中国的出口非常积极，2017 年增长了 28.3%，而欧盟对中国的出口增长了 16.85%。自 2000 年以来，西班牙对华出口增长了 10 倍，成为西班牙出口比例增长最快的国家，提高了 1.85 个百分点。此外，出口到中国的企业数量从 2010 年的 6500 家增加到 2017 年的近 1.5 万家，使中国成为西班牙企业出口排名第五的国家。西班牙对华出口企业数量的增幅远远高于经济危机期间西班牙出口企业总数的增幅，从 2007 年的 97418 家增至 2017 年的 147378 家。目前，西班牙每 10 家出口企业中就有一家向中国销售产品。

因此可以说，中国无疑已经进入了西班牙公司的视野，尽管对中国出口的公司中只有 1/3 定期（在过去四年中连续）这样做，而且这些出口产品高度集中在少数公司中。西班牙对中国出口产品最多的 10 个出口商总共的销售额占总销售额的 30%，最多的前 1000 个出口商的销售额占 93%。

"一带一路"倡议旨在通过发展基础设施和促进这些地区公共政策的协调，促进欧亚大陆和非洲国家之间的商业、金融、文化和教育交流。与"一带一路"倡议相关的一个有利于西班牙和中国之间经济往来的项目是义乌和马德里之间的铁路连接，尽管目前它运送的产品数量很少，特别

---

① Estadísticas de Comercio Exterior de Bienes de España y la VE.

是从西班牙运送到中国的产品。新时期的丝绸之路兼具经济、文化内涵，两国相互学习经验，互通有无，共同发展，这正是现代丝绸之路的重要意义。

2019年，我国文化贸易保持平稳快速发展。文化产品进出口总额1114.6亿美元，同比增长8.9%；其中，出口998.9亿美元，增长7.9%，进口115.7亿美元，增长17.4%，贸易顺差883.2亿美元，规模扩大6.8%。

从类别看，文化用品、工艺美术品及收藏品、出版物出口增长较快，增幅分别为11.7%、5.6%和4.8%。从国别和地区看，我国对东盟、欧盟出口增长较快，分别增长47.4%、18.9%，对共建"一带一路"国家出口增长24.9%。[①]

图8-1和图8-2显示出西班牙与中国在文化产品和服务方面的进出口地区分布占比较小，由数据可见中西在文化产品和服务方面还构不成主要贸易伙伴关系，中西在文化贸易上还有巨大发展空间。

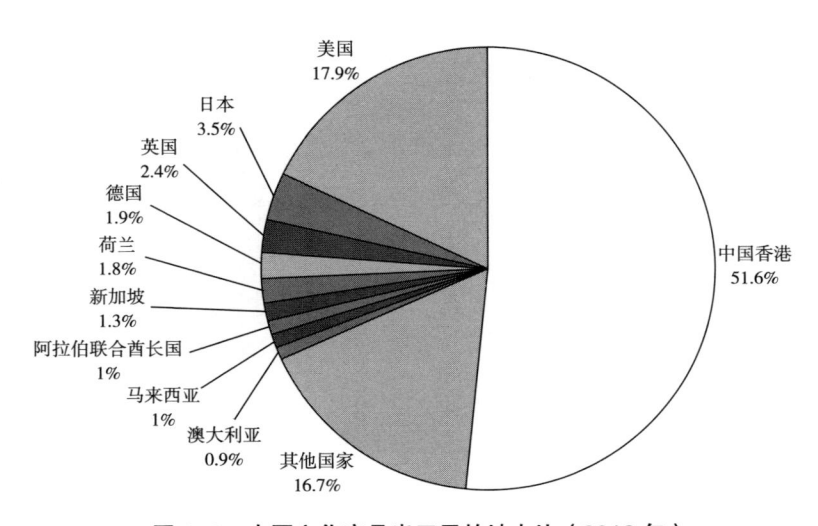

图8-1 中国文化产品出口目的地占比（2013年）

资料来源："The Globalization of Cultural Trade: A Shift in Consumption, International Flows of Cultural Goods and Services 2004−2013," UNESCO, p.58.

---

① https://baijiahao.baidu.com/s?id=1661404107849911240&wfr=spider&for=pc.

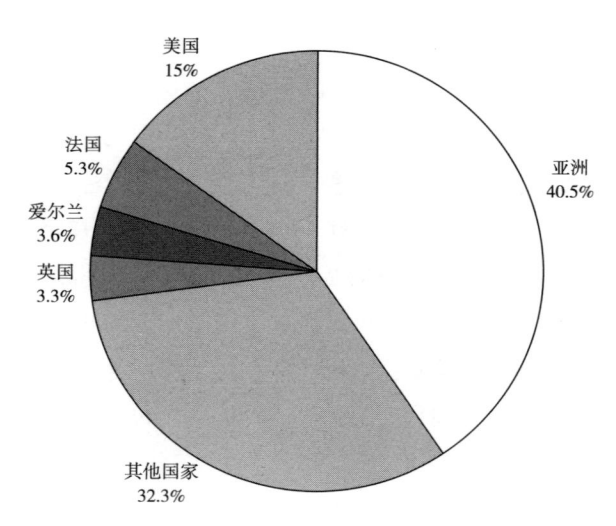

图 8-2 中国文化产品进口来源地占比（2013 年）

资料来源："The Globalization of Cultural Trade: A Shift in Consumption, International Flows of Cultural Goods and Services 2004-2013," UNESCO, p.58。

三 中西在文化领域交流深入

中西两国是世界文化大国，2005 年 11 月两国签署互设文化中心的协议，之后还分别签署了相互承认学历学位的协议和《文化、青年和体育合作执行计划（2018—2021）》，近年两国在文化领域的合作成果丰硕：2007 年互办文化年（节）；2010 年 4 月至 2011 年 4 月互办语言年；2006 年和 2013 年，西班牙塞万提斯学院北京分院和马德里中国文化中心分别在对方首都成立。截至 2020 年 3 月，中国在西班牙设有 8 所孔子学院，推动双边文化交流蓬勃发展，两国不断掀起"汉语热"和"西语热"。如今在中国，代表西班牙的不只有斗牛、弗拉明戈，还有皇马、巴萨，时尚服装品牌 ZARA、Mango，以及世界大文豪塞万提斯、美术大师毕加索和达利、建筑业巨匠高迪等；在西班牙，代表中国的不只有长城、天安门，中国的琴棋书画独具魅力，刺绣、武术、书法、京剧、古筝等被更多的西班牙人所熟悉和喜爱。

中国是世界上最大的游客输出国，2017 年为 1.3 亿人次，西班牙是第二大游客输出国，近 8200 万人次，所以旅游业是双边关系中潜力巨大的领域。预计还会有更多，因为中国旅游业的增长前景是惊人的，到 2020 年将有 2 亿多名游客。中国旅游业不仅注重数量，而且也注重质量，因为它不是季节性的，而且人均消费水平很高。

马里奥·埃斯特班（Mario Esteban）在其撰写的有关中西关系报告《西班牙对华关系报告》（"Informe Elcano Relaciones España' China"）中指出："中国旅游业在经济和形象方面对西班牙具有战略重要性。旅游活动是影响一个国家形象提升的最重要的活动之一，中国游客作为积极组成部分发挥着至关重要的作用。每一位来访的中国游客回国后，都可以担任西班牙大使，突出西班牙的旅游价值观——气候、酒店、美食、文化、风景等——并积极提升西班牙及其产品在中国的形象。这是相当合理的，因为访问西班牙的中国人往往比那些不访问西班牙的人对西班牙这个国家有更好的印象，而且他们对西班牙的印象在第一次了解我们的国家后得到了改善。"

2012 年，中国旅游计划（El Plan China de Turismo）开始实施，西班牙接待了近 18.7 万名中国游客，占当年赴西班牙外国游客总数的 0.3%。五年后的 2017 年，西班牙接待了 513725 名中国游客，占市场份额的 0.6%。在支出方面，由于中国游客的平均支出水平较高，中国旅游对西班牙的影响甚至更大。2017 年，中国游客在西班牙消费 8 亿欧元，占外国游客在西班牙消费总额的 0.9%，是 2012 年中国游客在西班牙消费总额的 8 倍。

尽管增长非常迅速，但与中国游客在欧洲的三大旅游目的地英国、意大利和法国相比，西班牙的数量仍然有限。在英国，中国游客入住酒店的天数是西班牙的三倍，而在意大利和法国，这一比例约为两倍。这显示了中国旅游业在未来几年在西班牙的巨大增长潜力。为了继续吸引中国游客，西班牙进一步增加航班数量和加快签证速度，近年来取得了重大进步。

中国是西班牙文化行动亚太计划的一部分。从事编辑、中介和版权管理的新公司的出现，使当代西班牙作家的作品可以通过中文出版。此外，最近举行的几次中国和西班牙作家之间的会议（如 2010 年、2014 年和 2017 年的会议）使两国文学创作者之间的了解不断增加。就视听影像而言，西班牙制片人利用新加坡的"亚洲电视论坛市场"作为通往亚洲市场的门户。根据文化产业这一领域的出口数据,亚洲可能是增长潜力最大的市场,因为它占西班牙音像公司国际销售额的 7%。2014 年,在拉霍伊首相对中国进行正式访问期间,两国签署了《电影联合制作协议》。2016 年 9 月,第一部联合制作的儿童动画电影《自行车》在敦煌上映。西班牙电影和视听艺术学院的数据显示,在 1980 年至 2016 年之间,西班牙发行了 83 部中国电影(平均每年 2.2 部),其中陈凯歌、张艺谋和王家卫的作品脱颖而出。两国在文学、电影及视听类产品方面的文化合作还有很大的发展空间。

中国认为西班牙是足球强国,足球也在中国蓬勃发展,在中国人民中越来越受欢迎,相关领导认为它可以成为公共外交的宝贵工具。在这种背景下,中国足球协会(China Football Association)于 2016 年 4 月发布了一项到 2050 年将亚洲巨人转变为足球超级大国的战略,目标是到 2020 年让 5000 万中国人定期踢足球。足球在中国的蓬勃发展也促进了中西间的交流合作。得益于多媒体通信公司 Mediapro 和 Desport 在 2015 年与西班牙足球联赛以及家用电器连锁公司苏宁签署的协议,西班牙俱乐部获得了进入中国电视市场的机会,有时需要使主要比赛的时间适应中国时间。同时,皇家马德里在北京设有办事处,并与广州足球俱乐部合作开展对青年的培训,皇家马德里在广州建立了世界上最大的足球学院。巴塞罗那足球俱乐部(Fútbol Club Barcelona)在香港设有代表处,并于 2017 年签署了在海南岛开设自己的足球学校和主题公园的协议。西班牙相关人员通过职业足球联盟加入中国基层足球,该联盟已派遣 37 名教练前往中国 9 个城市的学校。同样,也有西班牙俱乐部,例如马德里竞技俱乐部,它们在足球学校里接待中国儿童。此外,中国资金也正在进入一些欧洲队伍,包括西班牙职业队,例如马德里竞技队(大连万达,占 20%)、皇家西班牙人体育俱乐部(星辉互动娱乐股份有限公司,100%)和格拉纳达足球队(Desport,100%)。

四 中西合作前景光明

西班牙对华公共外交具有明确的经济导向,非常注重将西班牙呈现为一个生活质量高、经济创新、文化遗产丰富的国家。其目的是提高西班牙及其产品对中国投资者、消费者和游客的吸引力。

中国正在以不断扩张的软实力和新经济的增长为基础，转向世界舞台的中心，意味着未来中国的市场会更加开放。西班牙驻华大使德斯卡亚在2019年访问四川成都时曾表示"西班牙政府非常支持'一带一路'倡议，希望能够在此基础上，推动西班牙企业和中国企业找到更多可以务实合作的项目。在尊重国际市场规则的情况下，西中未来在各领域的合作让人期待。整个中国的市场前景都很好，希望能通过两国政府间的进一步对话，从政策、文化、环境等方面助力双方未来的深度合作"。在2021年3月发布的《中华人民共和国国民经济和社会发展第十四个五年规划和2035年远景目标纲要》中提到"积极发展对外文化贸易，开拓海外文化市场，鼓励优秀传统文化产品和影视剧、游戏等数字文化产品'走出去'，加强国家文化出口基地建设"，可以看出中国在对外文化贸易上的积极主动态度。

近年来，中国公众越来越关注西班牙的文化活动，例如弗拉明戈、西班牙的建筑或美食。这些也是西班牙文化与体育部部长伊尼戈·门德斯·代·维果（Íñigo Méndez de Vigo）和中华人民共和国文化部部长雒树刚签署《2018~2021年文化合作计划》的一些主要原因。该计划包括以下各领域的协议：视觉艺术、电影、动画和电子游戏，图书馆和博物馆，展览交流和编辑合作等。由于中国和西班牙都拥有丰富的文化遗产，所以该计划的目标之一是加强两国专家在研究、恢复和管理文化遗产方面的交流，这将增进两国的相互了解。

在旅游方面，两国有进一步的发展空间。西班牙及其主要城市在奢侈品和高端文化方面的特点中国游客还未充分认识，而公牛和足球是中国游客比较熟悉的方面。尽管事实上巴塞罗那和马德里等城市在购物旅游的国际排名中居首位，且西班牙是被联合国教科文组织宣布世界遗产数量排名第三的国家。这两点很重要，了解文化遗产和购物是中国游客出国旅游的两个主要原因。

数字创意产业是未来两国文化贸易开展合作的重要领域。伴随着互联网、云计算、大数据、虚拟现实、人工智能等新一代信息技术革命的发展，全球数字创意产业呈指数增长态势。中国互联网发展虽然起步较晚，但是发展速度受全球瞩目。目前，中国发展成为全球最大的数字创意产业市场。根据中国互联网络信息中心（CNNIC）发布的第 47 次《中国互联网络发展状况统计报告》，截至 2020 年 12 月，我国网民规模达 9.89 亿人，较 2020 年 3 月增长 8540 万人，互联网普及率达 70.4%。西班牙目前的数字产业还有待改善，仍处于发展中，尤其是 2020 年的疫情使人们对数字产业有了新的认识，所以两国在这一领域不仅可以在技术层面展开合作，也可以交流经验及相关专业知识，推动数字产业与文化领域相结合。

纵观西班牙文化贸易市场和中西文化贸易关系，两国在经过数十年的磨合中已经达成了基本的互信，这为两国未来文化贸易深入合作发展奠定了坚实的基础。中西两国将持续秉持互利共赢的原则，发挥各自优势，克服各种困难，在互补、互助和互信中进一步促进两国文化市场和贸易合作，增进两国文化交流与贸易合作朝着健康稳定方向发展。

后　记

　　2014年3月，国务院颁布了《关于加快发展对外文化贸易的意见》，同年6月，我所在的北京第二外国语学院国家文化发展国际战略研究院受商务部服务贸易和商贸服务业司委托，就开拓海外文化市场展开研究，发展文化贸易重要的基础条件之一是要了解海外文化市场，没有对文化市场的全面了解和客观分析，进行文化贸易必然是盲目的。基于此，在5个月后我们提交了调研报告，其中把中东欧国家文化市场定义为"被我们遗忘的市场"……2014年7月7日，文化部对外文化联络局发来红头文件《关于委托北京第二外国语学院牵头组建国家文化贸易学术研究平台的函》，从那时起，北京第二外国语学院的文化贸易研究团队就机制化地承担起更重要的责任和使命。

　　2015年初，文化部对外文化联络局欧亚处召集有关部门探讨有关中国与中东欧国家文化交流与合作事项，我提出愿意孵化编撰有关中东欧国家文化市场研究的出版物，同时可以组织召开中国与中东欧国家文化创意产业论坛……彼时，正值中国"一带一路"构想全面实施的开局之年，"一带一路"倡议从顶层设计和规划走向逐步落实，正在走向实质进展阶段。在文化部对外文化联络局的充分信任和大力支持下，"中国—中东欧国家文化创意产业论坛"、《中国—中东欧国家文化创意产业概览》被列入"中国—中东欧国家合作苏州纲要"，此后在中东欧国家文化管理和促进部门的积极协助下，于2016年5月在塞尔维亚贝尔格莱德成功举办了首届"中国—中东欧国家文化创意产业论坛"，论坛上发布了《重新发现：中国—中东欧十六国文化创意产业概览》（汉英对照）上下册……可以说历经这16个月，最大的收获莫过于我们找到了与外方共同推动合作研究的恰当模式，与此同时，即启动孵化"国际文化市场研究"系列丛书。2017年"中国（北京）国际服务贸易交易会"在北京如期举办，时任商务部服务贸易和商贸服务业司司长冼国义在由北京第二外国语学院主办的"第十一届国际服务贸易论坛"开幕式上宣布启动共建"一带一路"主要国家文化市场研究项目。

基于日益夯实的中外合作交流机制，《丹麦文化市场研究》《澳大利亚文化市场研究》《法国文化市场研究》《泰国文化市场研究》相继正式出版发行。此前的这四年又在孕育、孵化、耕耘一切的可能性。

《国际文化市场研究·印度卷》得益于中国国家文化贸易学术研究平台与印度中国经济文化促进会的务实合作。2017年在中国国内的一次学术交流活动，我与印度中国经济文化促进会的艾尔凡·亚兰（Irfan Alam）先生交谈后，双方都有强烈的合作愿望，很快便促成了我们双方签署合作协议，务实合作的第一个项目就是由印度中国经济文化促进会秘书长、经济学家穆罕默德·萨奇夫（Mohammed Saqib）先生主笔的《国际文化市场研究·印度卷》。

《国际文化市场研究·西班牙卷》始于2016年12月我们在比利时召开的"中国—欧盟创意产业及文化贸易论坛"，其中在比利时布鲁日欧洲学院的论坛之后，许雯女士与我就文化贸易的一些基本问题进行了探讨，此后她成为欧洲创意文化Creative-Culture的创始人，在她的积极推动下，时任欧洲委员会议会议员、欧洲议会议员、国际影业委员会电影艺术与电影艺术研究所所长及文化部部长伊格拉斯·盖丹斯（Ignasi Guardans）先生（西班牙）承担起《国际文化市场研究·西班牙卷》的牵头组织撰写工作。

《国际文化市场研究·波兰卷》得益于波兰文化与民族遗产部（现更名为波兰文化、民族遗产与体育部）鼎力支持，特别是要感谢波兰文化与民族遗产部国际关系司首席专家阿伽塔（Agata Kurdziel）女士与高级专家安娜（Anna Ceynowa）女士，2017年在北京"京交会"期间，她们促成了中国国家文化贸易学术研究平台与波兰国家文化中心签署战略合作协议。2018年，波兰文化与民族遗产部作为主办方之一成功举办了第三届"中国—中东欧国家文化创意产业论坛"，波兰副总理兼文化与民族遗产部副部长彼得·格林斯基教授参加了论坛并发表演讲，会议之后我们又进行了小范围会谈，印象最深刻的是副总理先生始终以"教授"称他本人与来自中国的我，让我强烈地感受到他对中国学者的尊重与信任。此后《国际文化市场研究·波兰卷》在双方的共同努力下，由中方编写组主导完成。

《国际文化市场研究·日本卷》是最多舛的，当然，今天看来"一切安排也都是最好的"。本书的重要作者是北京第二外国语学院中日韩合作研究中心主任江新兴教授，2017年初，我向他请教此事并希望得到他的同意，江教授谦逊有度、治学严谨，我们相互交流了多次，后来，江教授在赴日本做访问学者的一年多时间里也拜访了日本许多专家，如日本九州大学郭俊海教授、横滨商科大学小林二三夫教授等。另外，北京第二外国语学院日语学院研究生魏奎、刘晨钰、石优优三位同学为收集资料做了很多贡献，特别要提到的是国内唯一的北京第二外国语学院交叉学科国际文化贸易专业（日本文化贸易方向）的刘昂、许婉玲两位研究生，日语语言应用能力极强，又有文化贸易学科专业知识，对于日本文化市场的理解和思考非常深入，为本书的成功做出了巨大的努力。

诚如上述，这项研究极具开创性，且由中方学术机构主导，是基于中外长期学术交流的合作成果。今天，中国国家文化贸易学术研究平台已经拥有19个国家的23家紧密合作伙伴，学术外交角色日益显现。如今，我们充分发挥"学术外交"角色的独特作用，成为中国文化有效"走出去"的理论探索者与构建者、实践的学术先行者、政府决策咨询的建议者和推动者、人才培养模式创新的领航者、文化遗产传承与发展的护航者、产业贸易促进的倡导者与服务者。我们的团队是由有理想、有抱负的哲学社会科学工作者组成的，必然立时代之潮头、通古今之变化、发思想之先声，积极为党和人民述学立论、建言献策，担负起历史赋予的光荣使命。不追逐名利、不蹭热点，依然坚守"不做书斋里的学术机构，不做纸上谈兵的智库，把学术文章写在提升中华文化国际影响力的发展之路上！"为国际文化贸易的学术推广、为中华文化进行有效的国际传播做出力所能及的贡献。

是以为记。

李嘉珊

2021年8月14日于北京

图书在版编目(CIP)数据

国际文化市场研究. 西班牙卷 /(西)伊格拉斯·盖丹斯(Ignasi Guardans),(西)保拉·贝拉斯科(Paula Velasco),许雯著. -- 北京:社会科学文献出版社,2021.12
　　ISBN 978-7-5201-9584-3

　　Ⅰ.①国… Ⅱ.①伊… ②保… ③许… Ⅲ.①文化市场-研究-西班牙 Ⅳ.①G114

中国版本图书馆CIP数据核字(2021)第271618号

国际文化市场研究·西班牙卷

著　　　者 /〔西班牙〕伊格拉斯·盖丹斯(Ignasi Guardans)
　　　　　　〔西班牙〕保拉·贝拉斯科(Paula Velasco)
　　　　　　许　雯

出　版　人 / 王利民
组稿编辑 / 蔡继辉
责任编辑 / 王玉霞
文稿编辑 / 顾　萌
责任印制 / 王京美

出　　　版 / 社会科学文献出版社·城市和绿色发展分社(010)59367143
　　　　　　地址:北京市北三环中路甲29号院华龙大厦　邮编:100029
　　　　　　网址:www.ssap.com.cn

发　　　行 / 市场营销中心(010)59367081　59367083
印　　　装 / 三河市东方印刷有限公司

规　　　格 / 开　本:787mm×1092mm 1/16
　　　　　　印　张:12.75　字　数:200千字
版　　　次 / 2021年12月第1版　2021年12月第1次印刷
书　　　号 / ISBN 978-7-5201-9584-3
定　　　价 / 280.00元(全四卷)

本书如有印装质量问题,请与读者服务中心(010-59367028)联系

▲ 版权所有 翻印必究